KB234615

IoT 비즈니스 모델 혁명

고바야시 아키히토 지음

김응수 · 이두원 옮김

Prologue 
들어가며

■ 200년만의 이노베이션

전구에 스위치는 필요한 것일까?

전구의 역사는 길다. 일반적으로는 에디슨이 1879년에 발명했다고 알려져 있지만 필라멘트를 유리관 속에서 발광시킨다는 아이디어는 지금으로부터 약 200년 전인 1820년에 그 뿌리를 찾아볼 수 있다. 그 이후에 많은 연구자가 아이디어를 실현하기 위해 도전하였고 에디슨은 그러한 연구 성과를 응용하여 실생활에서 사용 가능한 전구를 만들어 낸 것에 지나지 않는다(그렇다고는 해도 충분히 위대한 업적이다).

그 발명가가 누구이든지 간에 전구는 긴 역사를 가지고 있지만 지금까지 한 번도 변하지 않았던 것이 있다. 전구에 불을 켜기 위해서는 사람이 스위치를 눌러야만 한다는 점이다. 당연한 일처럼 느껴질지도 모르겠지만 이 숨겨진 '결함' 때문에 집을 나설 때 전기를 끄지 않고 나오거나 자동차의 미등을 계속 켜두는 바람에 배터리가 방전되거나 친구의 짓궂은 장난으로 화장실이 암흑으로 변하는 등의 폐해가 끊이지 않고 있다. 19세기에 발명된 제품이 21세기가 된 지금에도 여전히 방치되고 있다. 이것은 중대한 문제이다.

　다행히도 가전 메이커인 필립스에서 이 사태를 해결할 수 있는 획기적인 제품을 개발하였다. 그것은 '휴(Hue)'라고 하는 LED 전구이다. 일반 전구에 비해 다소 비싸기는 하지만 휴는 특별한 기능을 가지고 있다. 브릿지라고 불리는 중계기를 통하여 빛의 온·오프를 원격으로 조작할 수 있는 것이다. 또한, LED의 발광을 조절하여 1,600만 색 이상을 나타낼 수도 있다. 그리고 이러한 제어를 담당하는 애플리케이션(App)을 이용하면 소비자들은 스마트폰이나 패드 등을 통해서 멀리 떨어진 곳에서도 조명 상태를 확인하고 자유자재로 컨트롤할 수 있게 된다.

　단지 이것뿐이라면 단순히 스위치를 가지고 다닐 수 있게 된 것에 지나지 않는다. 깜박 잊고 끄지 않은 집의 전기를 회사에서도 끌 수 있다는 장점은 있겠지만, 결국 사람의 머리에 의존하고 있다. 회사에서 바쁘게 일하고 있는 사람이 기억해 내지 못한다면 불은 켜진 채로 있을 것이다. 조명뿐만이 아니라 기계로 구성되어 있는 다양한 시스템에서 최대의 불안 요소는 그것을 조작하는 사람이다. '스위치'와 같이 사람과 기계와의 교류를 가능하게 하는 인터페이스를 없애버리지 않는다면 이 문제는 해결되지 않는다.

　다행히 휴를 제어하는 브릿지에 접근할 수 있는 것은 사람뿐만이 아니다. 기계도 휴와 연결되어 조명을 제어할 수가 있다. 그 결과 휴는 스위치 그 자체가 필요하지 않게 되었다.

　앞에서 말한 바와 같이 휴는 스마트폰으로도 제어할 수 있지만 그때 사용하는 앱(App)은 사람이 조작을 할 필요가 없다. 미리 설정해 놓으면 스마트폰 내의 GPS(위성위치확인시스템)를 통해 소유자의 위치 정보를 취득하여 집에서 멀어지면 전등을 꺼주고 가까워지면 켜준다. 그것뿐만이 아니다.

1,600만 색의 발색 기능을 이용하여 가까이 온 사람에 맞추어 빛의 색을 바꾸는 것도 가능하다.

또 필립스에서는 날씨 데이터를 활용하여 그에 따라 빛의 색을 바꾸고 특정한 사람에게서 메일이 오면 점멸하는 등의 설정이 가능한 프로그램도 제공하고 있다. 기계와 기계가 연결됨으로써 완전히 새로운 세계가 펼쳐 지려 하는 것이다.

그 증거로서 휴의 등장에 자극을 받아 전구라는 존재 자체에 혁신을 일으키고자 하는 노력이 계속되고 있다. 그중 하나가 미국 캘리포니아 주의 미스핏(Misfit)이라는 회사가 실현한 시스템이다. 미스핏의 주력 제품은 사람이 몸에 착용하기만 하면 그 사람의 다양한 움직임과 상태를 측정해 주는 장치이다. 이러한 장치는 '웨어러블 디바이스'라고 하여 건강 유지나 피트니스 등의 용도를 중심으로 최근 많은 사람들이 활용하고 있다.

그러나 미스핏 제품이 타사와 구별되는 점은 휴와 같이 원격 조작이 가능한 '볼트'라는 이름의 LED전구와 연계시켰다는 것이다. 그리고 웨어러블 디바이스를 통하여 수집한 사람의 수면 데이터를 기초로 하여 최적의 타이밍에 잠에서 깰 수 있도록 조명의 상태를 자동으로 제어해 준다.

이제 전구에 스위치는 필요하지 않다. 사물과 사물이 연결되고 '사람이 없어도 되는' 상태가 실현된다면 사람이 조작하는 스위치는 불필요하게 된다. 그리고 스위치로부터 해방된 전구는 지금까지는 어둠에 가려서 보이지 않았던 가능성을 이제 먼 곳까지 비추려 하고 있다.

■ '사람이 없어도 되는' 세상

휴 그리고 볼트와 같이 사물이 네트워크에 접속하여 멀리 떨어진 장소에서 정보를 주고받을(사물의 상태를 파악, 제어하는 등) 수 있게 되는 것. 그것이야말로 이 책의 테마인 '사물 인터넷', 요약하여 'IoT(Internet of Things)'이다. 최근 들어 IoT에 대한 관심이 높아져 신문이나 잡지, TV 등에서 다루어지지 않는 날이 없다고 해도 과언이 아닐 것이다.

또한, 미국의 거대 기업인 GE가 제창하는 '인더스트리얼 인터넷'이나 독일 정부가 추진하고 있는 '인더스트리4.0' 그리고 일본의 경제산업성이 기치로 내건 '사이버 피지컬 시스템(CPS)'과 같이 비슷한 개념을 각국의 기업과 정부가 내세워 그 주도권을 잡기 위해 서로 경쟁하고 있다. 독자 여러분이 이 책을 선택한 것도 이러한 상황을 알기 때문이 아니었을까.

그러나 사물을 네트워크로 연결한다는 'IoT 기술'은 알기 쉬울지 몰라도 거기에서부터 어떤 가치를 창출해 낼 것인가 하는 'IoT 애플리케이션'의 관점에서는 아직 기업들은 고전을 면치 못하고 있다. 그것은 해외에서도 비슷한 상황인데 필자가 참가했던 미국의 컨퍼런스에서도 '이 정도로 화제가 되고 있는 IoT가 할 수 있는 것이라고는 외부에서 가전제품을 조작하는 정도'라고 야유하는 의견도 들려올 정도였다. 물론 이것은 과장된 부분이 있지만, 우리들이 아직 IoT로 실현 가능한 것들의 본질을 충분히 이해하지 못하고 있다는 증거일 것이다.

이 책에서는 IoT로 실현되는 가치를 '사람이 없어도 되는 세상'이라는 말로 표현하고자 한다. 이것이 무엇을 의미하는지 3단계로 나누어 설명하겠다.

[그림 1]은 그 3단계를 그림으로 나타낸 것이다. 최초 단계(왼쪽)는 IoT 이전의 세상으로서 사람과 사물 그리고 사물을 제어하는 인터페이스가 같은 공간에 존재해야만 한다. 그림에서는 인터페이스를 스위치로 표현했지만 컨트롤 패널이나 디스플레이와 같이 사물의 구체적인 상태를 파악하거나 복잡한 제어를 위한 장치가 될 수도 있다.

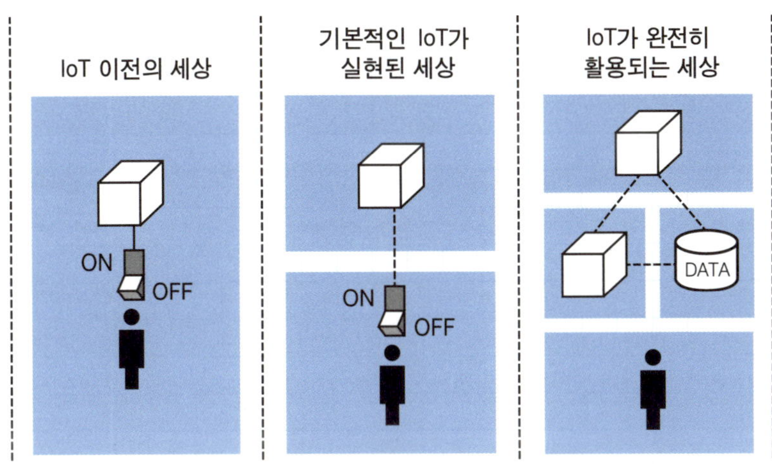

[그림 1] IoT가 실현되는 세상

가운데 단계는 사물이 네트워크에 연결되는 기본적인 IoT 기술이 실현된 세상이다. 네트워크를 통하여 사물의 상태를 파악하거나 제어할 수 있기 때문에 사람과 사물은 같은 공간에 있을 필요가 없다. 따라서 깜빡 잊고 끄지 않은 집안의 에어컨을 회사에서 조작할 수 있게 된다. 결국, '같은 공간에 사람이 없어도 되는' 상황이 되는 것이다.

하지만 여기에는 여전히 사람만이 연결되어 있기 때문에 사물은 사람이 제어할 수밖에 없다. 따라서 이 세상에는 아직 스위치(인터페이스)가 존재한다.

그것이 사라지는 단계가 오른쪽, 다시 말해 IoT 기술이 완전히 활용되는 세상이다. 여기에서는 사물이 다른 사물과 접속하여 자신이 가지고 있지 않은 정보를 취득하거나 반대로 상대에게 정보를 제공한다. 그로 인하여 스위치의 조건을 충족시키는 정보를 얻었을 때 독자적인 판단으로 제어한다(비가 오고 있다는 정보를 얻으면 불빛의 색깔을 파랗게 바꾸는 등). 물론 어떤 조건일 때 어떻게 제어할 것인지는 미리 사람이 설정해 놓아야 하지만, 그것만 완료해 놓는다면 완전한 의미의 '사람이 없어도 되는' 상황이 된다.

더 나아가 이 세상에서는 보다 높은 수준의 제어가 현실화될 수 있는 가능성이 있다. AI(인공지능)와 같이 복잡한 판단이 가능한 시스템이나 빅 데이터 해석과 같이 사람의 이해력을 훨씬 뛰어넘는 방대한 양의 데이터에서 어떤 흐름을 도출해 내는 시스템과 연결한다면 사람보다도 정밀하게 컨트롤할 수 있게 되는 것이다. 자고 있는 사람을 옆에서 계속 지켜보다가 일어날 시간이 가까워지면 그 사람의 수면 상태에 맞추어 조명을 조금씩 밝게 조절해 주는 사람을 몇십만 원 가지고는 고용할 수가 없다.

이와 같이 '사람이 없어도 되는' 세상은 '사람의 한계를 뛰어넘을 수 있는' 세상이기도 하다. 그것이 얼마나 큰 가치를 가지는지 그리고 어떻게 우리의 생활을 변화시키고 나아가서는 비즈니스와 사회의 모습까지도 변하게 하는지를 이제부터 알아보도록 하겠다.

■ 이 책의 구성

이 책의 목적은 IoT가 비즈니스와 사회를 어떻게 변화시키는지, 또 IoT를 어떻게 활용할 수 있는지를 알아보는 데에 있다. 구성은 다음과 같다.

제1장 〈500억 개의 사물이 인터넷으로 연결되는 날〉에서는 IoT가 어떤 개념인지 또 어떤 요소로 구성되어 있는지를 정리할 것이다.

제2장 〈기계가 주도하는 정보 세상〉에서는 IoT로 인하여 정보의 모습이 어떻게 바뀌는지, 또 그것이 사람이 없어도 되는 세상을 실현시키는지를 생각해 볼 것이다.

제3장에서 제5장에 걸쳐서는 IoT가 가져오는 새로운 비즈니스 모델에 대하여 정리하겠다.

제3장 〈최적의 모습을 실현하다〉에서는 다양한 행동과 현상을 파악하

고 분석하여 가장 적절한 모습으로 바꾸어 나가는 시도에 대하여 설명하겠다.

제4장 〈온갖 사물이 똑똑해진다〉에서는 IoT를 활용하여 다양한 사물에 고도의 기능을 부여하려는 시도에 초점을 맞출 것이다.

제5장 〈'전구'가 아닌, '빛'을 판다〉에서는 IoT가 가능하게 하는 비즈니스 모델 중 하나인 셰어 비즈니스라는 새로운 서비스 모델에 대하여 생각해보겠다.

제6장 〈비즈니스 모델 변혁을 성공시키기 위하여〉에서는 IoT를 활용한 새로운 비즈니스 모델을 개발할 때 주의해야 할 점들을 정리해 볼 것이다.

또한, 이 책을 집필하는 데 있어서 취재에 응해주신 분들의 의견을 인터뷰 형식으로 소개하고자 한다.

새로운 기술의 등장을 접했을 때 우리들은 어떤 점들을 주의해야 할까? 20세기에 활약한 미디어 연구가 마셜 맥루한은 이런 이야기를 했다.

> "우리 사람은 완전히 새로운 상황에 직면하게 되면 언제나 가장 가까운 과거의 사물이나 특색에 집착하기 마련이다. 우리는 백미러를 통해서 현재를 보고 있다. 우리는 미래를 향하여 소극적으로 전진해 나간다."

사람은 습관의 동물이어서 한 번 몸에 밴 행동 패턴이나 잠재의식을 갑자기 바꾸기는 어렵다. 전구에 불이 들어오게 하기 위해서는 스위치가 필요하다는 숨겨진 고정관념이 200년 동안이나 혁신에 걸림돌이 되어 왔다. 자금력이나 생산력 같은 면에서 압도적인 힘을 갖고 있는 대기업이 기존 사업의 상식에 얽매여 혁신을 제대로 이뤄내지 못하고 젊은 세대가 주도하는 벤처기업에 뒤처지는 것도 같은 이유이다.

미래를 보고 있다고 착각하지만 상식이라는 백미러를 통해 과거를 들여다보는 일이 일어나지 않도록 완전히 새로운 마음으로 IoT에 대하여 생각해보길 바란다.

Contents
목차

Chapter 1

The day when 50 billion things connecting to Internet
500억 개의 사물이 인터넷으로 연결되는 날

혼잡한 전철을 피하는 방법

수도권에서 근무하는 사람이라면 누구나 혼잡한 야마노테선(JR동일본에서 운영하는 도쿄 도심을 순환하는 전철 노선) 때문에 고생한 경험을 가지고 있을 것이다. 그럴 때 유용하게 사용할 수 있는 것이 'JR동일본 앱'이다.

이것은 JR동일본이 자사 노선의 운행 상황과 역 구내의 안내도와 같은 관련 시설의 정보를 제공하기 위해서 운영하는 앱인데 전철 이용 시에 도움이 되는 다양한 정보를 얻을 수 있다. 그 안에 포함된 '야마노테선 트레인 넷'이라는 메뉴를 지금부터 소개하겠다.

이 메뉴를 선택하게 되면 야마노테선 이용자들에게 익숙한 원형의 야마노테선 노선도가 화면에 나타난다. 그리고 그 노선도 여기저기에 빨간 화살표가 표시된다. 우에노(上野)나 오카치마치(御徒町) 등 해당 역 바로 위에 표시되는 화살표도 있는가 하면, 역과 역 사이에 표시되는 화살표도 있다.

여러분의 예상대로 이 화살표는 야마노테선에서 운행 중인 각 전철의 현재 위치를 나타내는 것이다. 시험 삼아 화살표 하나를 골라 터치해보면 그 전철의 차량 구성을 알려주는 화면으로 넘어간다. 예를 들어 휠체어나 유모차를 위한 공간이 있는 차량이 첫 번째 차량과 열한 번째 차량에 있고, 네 번째 차량은 약 냉방차라는 식이다.

재미있는 것은 이제부터다. 이 야마노테선 트레인 넷을 통해 전철이 운행되고 있는 장소의 외부 기온과 각 차량의 내부 기온을 확인할 수가 있다. 여름철에는 약 냉방차의 온도가 다른 차량보다도 높은 것을 알 수 있다. 그뿐만이 아니다. 각 차량의 혼잡 상황을 '여유롭게 승차 가능합니다.', '어깨가 맞닿을 정도입니다.', '몸을 움직일 수 없습니다.'의 3단계로 알려 준다. 비어 있는 차량에 타고 싶다면 다음 열차의 정보를 확인하여 적당한 차량을 선택하면 된다.

사실 야마노테선에서 운행되고 있는 E231계㈜ 차량에는 차량 내부의 기온과 혼잡 상황을 실시간으로 파악할 수 있는 센서가 탑재되어 있다. 차장은 거기에서 얻어진 데이터를 보고 차량의 상황을 파악하여 '앞쪽의 차량이 비어 있습니다.', '차내가 더워졌으므로 에어컨을 가동하겠습니다.' 등의 방송을 하는 것이다.

이 데이터는 차량에 탑재된 통신기를 통하여 JR동일본의 서버로 전송된다. 그것이 인터넷을 통해 일반인 대상으로 송신된 후 스마트폰의 앱에 알기 쉽게 표시하여 야마노테선 트레인 넷 서비스가 실현되는 것이다.

과거에도 전철이 심각하게 지연되거나 하는 경우에는 매스컴에서 보도된 뉴스 등을 시청함으로써 정보를 입수할 수 있었다. 또 최근에는 트위터나 페이스북, 라인 등의 소셜 미디어가 보급되어 많은 사람이 스스로 정보를 발신하고 있다. 그 덕분에 친구로부터 메시지를 받거나 혹은 소셜 미디어의 검색 기능을 활용하여 앞으로 탈 전철의 상황을 파악했던 경험을 가지고 있는 사람도 많을 것이다.

다만, 이러한 종류의 정보원, 즉 사람에게서 기대할 수 있는 것은 많지 않다. 그들이 전철의 모든 차량을 확인하여 어느 곳이 비교적 여유가 있는지를 트위터로 알려주거나 온도계를 꺼내어 각 차량의 온도를 라인으로 알려줄 가능성은 거의 없다.

하지만 야마노테선 트레인 넷에서는 기계가 모든 정보를 처리해 준다. 지금부터 타려고 하는 전철 스스로가 수많은 데이터를 수집·발신

                                          IoT 비즈니스 모델 혁명

해 주기 때문에 그 전철이 어느 지점을 달리고 있고 몇 번째 차량이 혼잡한지 혹은 열차의 온도가 덥거나 춥지 않은지를 인터넷을 통해서 언제 어디서나 파악할 수 있다. 이것이야말로 사물 인터넷, IoT가 이루어 내는 세상인 것이다.

 ## RFID에서 시작된 IoT

전철이나 온도계, 에어컨과 칫솔 등 일반적인 '사물'을 인터넷에 연결하여 멀리 떨어진 곳에서 그 상태를 확인하거나 반대로 제어할 수 있게 된다. 일반적인 'IoT'의 이미지는 이 정도일 것이다. 그렇다면 과연 IoT는 어떤 기술로서 발전해온 것일까. 간단하게 역사를 되돌아 보기로 하자.

'사물 인터넷'이라는 용어가 처음으로 등장하게 된 것은 1999년이었다. RFID(무선태그 혹은 IC 태그라고도 한다) 기술의 전문가인 케빈 애쉬튼이 생각해낸 것이다. RFID란 주파수에 의하여 작동하는 작은 전자회로를 이용하여 그 회로와 무선으로 정보를 주고받는 기술이다. 가까운 예로는 Suica(일본의 JR이나 지하철 등에서 사용할 수 있는 충전식 교통카드)나 Pasmo[Suica와 거의 동일하게 사용할 수 있는 충전식 교통카드. ㈜파스모에서 개발] 등 비접촉형의 교통 관련 IC 카드에도 사용되고 있다.

RFID는 전원이 필요하지 않기 때문에 다양한 사물에 심어서 디지털 정보를 부여할 수 있다. 가령 배송 상품에 태그를 붙이면 배송 상황을 인터넷으로 추적하는 등의 대응이 가능해진다. 애쉬튼은 이러한 상황을 '사물 인터넷'이라는 개념으로 인식하고 다양한 사물이 인터넷에 접속하게 되면 사회의 모습이 크게 바뀔 것이라 예상했다.

당시 애쉬튼은 P&G에 근무하면서 새로운 립스틱을 개발하고 있었다. 소매점에서는 제품이 품절되어 비어 있는 진열대가 많음에도 불구하고, 립스틱의 발주가 제대로 이루어지지 않는 경우가 많았다. '왜 이렇게 비합리적인 일들이 벌어지는가?', '재고나 매장 내 제품 상황을 더 효율적으로 파악할 수 없을까?'라고 생각한 것에서부터 IoT 개념이 탄생되었다고 한다.

다만, 1999년은 현재에 비해 정보기술이 그다지 고도화되지 않은 상태였고 인터넷 인구도 겨우 2억 명을 넘을 정도의 수준이었다. 휴대전화에서 웹사이트 열람을 가능하게 한 세계 최초의 서비스, NTT도코모(일본 최대의 이동통신회사)의 'i 모드'가 시작된 것도 이해였다. RFID를 통한 사물의 인터넷 접속이 큰 가능성을 내포하고 있다고는 해도, 할 수 있는 것은 매우 한정되어 있었다.

그러나 '무어의 법칙'으로 상징되는 것처럼 디지털 기술은 급속하게 진화하는 특징을 가지고 있다. 무어의 법칙이란 인텔사의 공동 창업자인 고든 무어가 1965년에 제창한 경험 법칙으로서 반도체의 집적밀도는 약 2년 만에 두 배가 된다. 즉 처리 능력이 배로 늘어난다는 예측이다. 여기에서 중요한 것은 직선적인 진화가 아니라 전 단계의 배로 증가하여 진화에 가속도가 붙는다는 점이다. 즉 2, 4, 8, 16, 32, 64, 128……과 같이 뒤로 가면 갈수록 진화의 속도가 빨라져 급속도의 기술 혁신이 일어나게 된다. 나중에 언급하겠지만 IoT를 실현하기 위해서는 사물의 정보처리 능력과 통신 능력, 그리고 사물이 접속하는 통신 네트워크 등의 요소가 필요한데 21세기의 첫 10년 동안에 그 모든 것이 가속도적으로 발전한 것이다.

그 결과 다양한 사물이 인터넷에 접속할 수 있게 되었고 그것을 이용한 서비스도 속속 등장했다. 일찍이 2004년에는 리코(사무기기, 광학기기 등을 제조하는 일본 기업)가 '앳리모트(@Remote)'라는 서비스를 시작한 바 있다. 이것은 인터넷을 통하여 복합기나 프린터와 같은 제품을 원격으로 감시하는 것으로서 실시간으로 기기의 상태나 이용 현황에 대한 데이터를 수집한다. 그 데이터를 활용하여 고장을 미연에 방지하고 얼마 남지 않은 소모품을 자동으로 배송하는 등의 서비스를 제공하는 것이다.

1990년대 후반부터 2000년대에는 이러한 시스템이 IoT보다는 '유비쿼터스 컴퓨팅'이라는 개념으로 인식되는 경우가 많았다. 이것은 1991년 미국 팰로앨토 연구소의 마크 와이저에 의해서 제창된 것으로서, 다양한 장소와 사물에 그 공간과 용도에 적합한 형태와 크기의 컴퓨팅 기기를 배치하여 정보를 처리한다는 개념이다('유비쿼터스'는 '언제 어디에나 존재한다'라는 의미). 바로 IoT로 상상할 수 있는 것과 같은 세계관이다.

다만, 사람들의 입에 오르내리기 시작한 것이 너무 빨랐기 때문인지, 유비쿼터스 컴퓨팅이 추구하는 세상이 실현되기도 전에 안타깝게도 용어의 유통기한이 끝나버리고 말았다. 이제 드디어 그 시대가 도래했음에도 불구하고, '제창은 되었지만 실현되지 못한 용어'라는 이미지로 굳어져 버린 것이다.

유비쿼터스 컴퓨팅에 대한 열기가 식은 반면 IoT 보급에는 좋은 환경이 갖춰지게 되었다. 그중의 하나가 스마트폰의 보급이다. 아무리 정보처리 기술이 진화되었다고는 하지만, 작은 사물에 정보처리 능력과 통신 능력을 함께 담아내는 것은 쉽지 않다. 혹시 가능하다고 하더라도, 높은 가격 탓에 상업적으로 보급시키기는 어려울 것이다. 하지만 사물 자체가 인터넷에 접속할 수 있는 능력을 가지지 않더라도 소비자가 지니고 있는 스마트폰과 근거리 통신을 할 수 있다면 스마트폰을 통해서 인터넷에 접속할 수 있게 된다.

또한, 조작을 위한 인터페이스도 스마트폰에 탑재해 버리면 해결된다. 이렇게 정보처리와 통신을 대신 처리해줄 수 있는 고성능 기기가 말 그대로 '유비쿼터스 하게' 보급된 덕분에 사물의 IoT화와 그 상용화가 용이해진 것이다.

또한, IoT를 뒷받침하는 요인으로서 클라우드 컴퓨팅 환경이 조성된 것도 매우 크다. 클라우드 컴퓨팅이란 네트워크를 통하여 물리적으로 떨어진 장소에 있는 컴퓨팅 자원을 활용하는 시스템이다. 일반적으로 클라우드 컴퓨팅 환경은 매우 대규모이며, 이용자는 온디맨드, 즉 원하는 시간에 원하는 만큼 이 환경을 이용할 수 있기 때문에 ICT(정보통신기술) 자산에 초기 투자를 할만한 능력을 보유하지 못한 소규모의 기업이라고 하더라도 대량의 정보처리가 가능한 시스템을 구축할 수 있게 된다.

IoT의 대상이 되는 사물은 PC나 스마트폰 이상으로 보편적이고 대량으로 존재하는 제품인 경우가 많기 때문에 개별 처리는 적다고 해도 전체적으로는 매우 큰 부하가 걸리게 된다. 그러나 클라우드 환경을 이용한다면 누구라도 이 니즈에 대응할 수 있게 되는 것이다.

더 나아가 클라우드 서버에 AI(인공지능) 등 고도의 정보처리 시스템을 구축할 수 있게 되었다. AI는 지금 급속하게 진화하고 있는 분야로서 과거에는 상상도 할 수 없었던 정보처리를 기계에게 맡길 수 있다. 이 것과 IoT를 결합시킨다면 어떤 사물이라도 '영리한 두뇌'를 가질 수 있게 된다. 인간과 맞먹는 두뇌를 가진 칫솔을 전 세계에서 사용하는 날이 온다면 과연 어떤 사회가 도래할 것인가. 애쉬튼이 주장한 '사물 인터넷' 세상은 그의 예상을 훨씬 뛰어넘어 확대되려 하고 있다.

급격하게 확대되는 IoT

이렇게 IoT의 개념이 확대된 덕분에 지금은 무수한 기계가 인터넷에 접속하게 되었고 인터넷상에서 인간의 역할은 점점 축소되어 가고 있다. 그리고 앞으로 그 차이는 더욱더 벌어질 것으로 예상된다.

인터넷이 상용화된 1990년대 이후 세계의 인터넷 인구는 순조롭게 증가해 왔다. 1995년에 약 2,600만 명이었던 세계의 인터넷 인구는 2000년이 되어 약 4억 명으로 늘어났고, 더 나아가 2014년에는 30억 명을 돌파했다. 전 세계 인구를 약 70억 명이라고 한다면 40% 이상의 사람들이 인터넷에 접속하고 있다는 얘기이다.

그렇다면 사물의 경우는 어떨까. 미국 시스코시스템즈사(社)가 2012년에 발표한 조사 결과에 따르면 현재 인터넷에 접속해 있는 사물의 수는 100억 개에서 150억 개 정도로 추산되고 있다. 즉 이미 현시점에서 인터넷 인구 3배 이상에 달하는 '인터넷에 연결된 사물'이 존재하고 있다는 의미이다. 그러나 시스코의 추측으로는 이것은 전 세계에 존재하는 사물의 1%에도 못 미치는 수준이다. 향후의 성장 측면에서 보자면 사물은 인간보다도 훨씬 거대한 잠재력을 내포하고 있는 것이다.

실제로 그들은 2020년까지 500억 개의 사물이 인터넷에 접속하게 될 것으로 예상하고 있다. 현재의 세 배에서 다섯 배까지 확대된다는 의미이다. 그렇다고 해도 사물 전체의 수에 비하면 극히 일부에 지나지 않지만 시스코에서는 우리 주변에 있는 사물 대부분이 인터넷에 연결될 것으로 보고 'IoE(Internet of Everything, 만물 인터넷)'라는 용어도 만들어 내었다. 이것은 IoT의 미래를 나타내는 보다 적절한 표현이라고 할 수 있을 것이다.

다만, 이 500억 개의 사물 중에는 공장이나 인프라 관련 시설 등 일반 소비자와는 관계없는 사물도 포함되어 있다. 어쩌면 IoE 시대가 온다고 해도 우리들은 여전히 리모컨으로 에어컨을 켜고 세탁기의 버튼을 누르며 열쇠구멍에 열쇠를 꽂아 문을 열고 있지는 않을까 하는 의심을 품을 수도 있을 것이다.

하지만 이 점에 대해서도 기대할 만한 예측이 발표되었다. 그것은 OECD(경제협력개발기구)가 2013년에 발표한 조사 결과로서, 4인 가족의 가정에 있는 인터넷 접속기기의 평균 개수는 2013년 10대에서 2022년에는 50대로 증가할 것으로 예상하고 있다. 또한, 그 50대의 내용도 발표했는데 PC와 스마트폰, 태블릿 단말기뿐만 아니라, '스마트 전구'(한 가정에 평균 7개), '인터넷 접속형 콘센트'(평균 5개) 등도 포함되어 있다.

시스코가 발표한 '500억 개'라는 예상치는 가까운 미래에 IoT의 폭발적인 보급을 상징하는 수치로서 많이 소개되고 있다. 그리고 또 한 가지 자주 인용되는 예상치가 있는데, 그것은 '1조(兆) 개'라는 숫자이다. 이 숫자는 2013년에 개최된 '제1회 트릴리언 센서 서밋'에서 책정된 로드맵 안에 등장하는 수치로서 여기에서는 2023년까지 1조 개의 센서(트릴리언 센서)를 활용하는 회사를 설립하여 다양한 문제 해결에 공헌하는 것을 목표로 하고 있다. 1조 개는 현재 활용되고 있는 센서의 100배에 달하는 수치이다. 그 모든 센서가 네트워크에 연결될 것으로 예측되고 있지는 않지만, 그로부터 생성되는 디지털 데이터는 네트워크에서 손쉽게 공유될 것이다.

500억 개의 인터넷 접속 기기와 1조 개의 센서, 이 숫자가 과연 적중할 수 있을지는 차치하고라도 이들 예상치가 공통적으로 의미하고 있

     IoT 비즈니스 모델 혁명

는 것은 향후 4~5년 안에 사물이 발신하는 디지털 데이터가 급격하게 늘어날 것이라는 점이다. 그것은 선과도 같이 완만하게 점진적으로 일어나는 변화가 아니라 커브를 그리는 극적인 변화가 될 것이다. 저 멀리 있다고만 생각했던 미래가 어느 순간에 우리 앞에 다가와 있을지도 모른다.

IoT에 관한 큰 그림을 파악했으니 이제는 반대로 IoT를 구성하는 각각의 요소들에 대하여 살펴보도록 하겠다.

IoT의 구성 요소 ① 사물

한마디로 IoT라고 해도 그것이 무엇을 의미하고 어떤 기술이 포함되어 있는지는 이야기의 문맥과 구체적인 제품에 따라 다양해진다.

[그림 2]는 이 장에서 다룰 IoT의 다섯 가지 구성 요소를 정리한 것이다. 자세히 얘기하면 이 이외에도 다양한 요소, 가령 센서를 동작시키

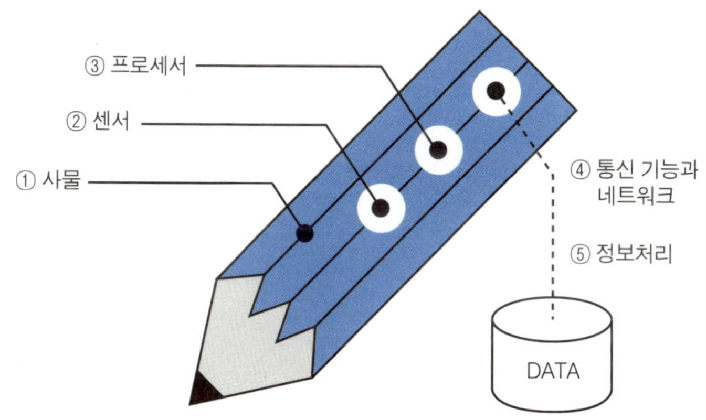

[그림 2] IoT의 다섯 가지 구성 요소

주) 구성 요소 : Service Profile, Platform, Network, Device, Security 등으로 정의하고 있다.

기 위해 전원이라는 요소가 필요하다. 하지만 이야기를 간단하게 하기 위해서 이들 다섯 가지 요소에 한정하여 정리하고자 한다.

IoT를 구성하는 최초의 요소는 '사물'이다. 그림에서는 편의상 연필로 표현했지만, 어떤 사물도 될 수 있다. 자동차나 복합기처럼 비교적 크기가 크고 가동부가 포함된 '장치'라고 할 수 있는 사물에서부터 펜이나 포크, 칫솔 등과 같이 '소비재'에 가까운 사물까지 최근에는 온갖 사물이 IoT의 대상이 되고 있다.

'사물 인터넷'인 만큼 사물이라는 요소는 당연하다고 생각할 수도 있다. 물론 그 말은 맞지만 구체적인 IoT 시스템이나 서비스상에서 무엇을 '사물'이라고 할지는 조금 애매한 경우가 있다.

웨어러블 디바이스를 생각해 보자. 이것은 '웨어러블(몸에 착용할 수 있는)'이라는 이름이 나타내는 바와 같이 안경이나 손목 밴드처럼 몸에 착용하여 사용하는 정보처리 단말기를 의미한다. 유명한 구글 글래스처럼 정보의 수집(카메라)과 열람(소형 디스플레이)이 가능한 것도 있는가 하면 제4장에서 소개할 핏빗(Fibit)의 트래커와 같이 단말기 자체는 정보 수집(이 경우는 착용자의 걸음 수와 수면 상태 등)에 특화된 것도 있다. 여기에서는 후자와 같이 걸음 수를 측정하는 피트니스용 웨어러블 디바이스를 예로 들고자 한다.

이 단말기를 '네트워크에 연결되는 만보계'라고 생각한다면 훌륭한 IoT 사례라고 할 수 있다. 하지만 '인간 활동에 관한 데이터를 수집하는 서비스'라고 생각한다면, '사물'의 인터넷이라는 개념과는 조금 거리가 있는 것으로 느껴질 수도 있다(인간의 몸도 '사물'이라고 생각한다면 위화감은 없겠지만 말이다). 결국, 센서나 통신장치 등이 갖춰진 사물을 IoT의 사물이라고 볼 것인지, 그러한 사물이 데이터를 수집하는 대상도 사물로 볼

  IoT 비즈니스 모델 혁명

것인지에 따라서 IoT로 커버할 수 있는 영역은 크게 달라지게 된다.

더 애매한 예를 들어보자. IoT의 대표적인 대상 중의 하나로 자동차를 들 수 있다. 최근 들어 자동차는 정보화가 진행되어 내부의 여러 장치를 소프트웨어로 제어하고 그 가동 상황을 데이터로 취득할 수 있도록 발전하고 있다. 가령 와이퍼의 이용 상황에 관한 데이터가 실시간으로 수집된다고 가정해 보자.

와이퍼의 이용 상황을 실시간으로 알 수 있게 된다면 어떤 가치가 창출될 수 있을까. 그 데이터를 자동차 수리업체가 입수한다면 그들은 데이터를 축적하여 운전자들이 와이퍼를 얼마만큼 이용하고 있는지, 그에 따라 와이퍼 블레이드가 어느 정도 마모되었는지 파악할 수 있을 것이다. 와이퍼 블레이드가 마모되면 와이퍼를 작동시킬 때마다 진동이 발생하기 때문에 신경이 쓰일 수밖에 없다. 하지만 와이퍼 블레이드만을 교환하기 위해 수리업체를 방문하는 것도 귀찮은 일이다. 그 때문에 진동을 더 이상 견딜 수 없게 될 때까지 마모를 방치하는 경우가 많은데 만약 수리업체가 마모를 먼저 감지하여 그 근처를 지나는 자동차의 운전자에게 '와이퍼 블레이드 교환 ○○% 할인!' 등의 쿠폰을 송신할 수 있다면 어떻게 될까. 블레이드를 교환할 큰 유인책이 될 수 있을 것이다.

이것만으로도 재미있는 사업을 생각해 낼 수 있겠지만, 여기에서는 일단 '왜 와이퍼를 사용하는지'에 대하여 생각해 보고자 한다. 당연한 이야기이지만 와이퍼를 사용하는 경우는 비가 내릴 때이다. 따라서 어떤 특정 지역을 지나는 자동차로부터 충분한 양의 '와이퍼 사용 상황 데이터'를 실시간으로 수집할 수 있다면 '지금 어느 지역에서 비가 내리기 시작했는지'를 파악할 수 있을 것이다.

만약 비가 내리는 상황을 파악하기 위하여 와이퍼 사용 상황 데이터를 수집했다면 이 IoT에서의 '사물'은 와이퍼일까? 아니면 빗방울일까? 엄밀히 말하자면 네트워크에 직접 연결되어 있는 것은 와이퍼이니 이것은 어디까지나 '와이퍼의 IoT 사례'라고 할 수 있을 것이다. 그러나 여기에서 중요한 것은 IoT가 최종적으로 창출해 내는 가치의 관점에서 생각해 보았을 때 마치 '비'가 네트워크에 연결되어 그 상황을 알려주는 것과 같은 상태를 만들어 낼 수 있다는 점이다. 이와 같은 발상이 가능하다면 IoT의 가능성은 훨씬 확장될 수 있을 것이다.

센서는 문자 그대로 어떠한 상태를 감지하여 그것을 정보로 변환하는 장치이다. 어떤 현상이나 상태를 감지 대상으로 하는가에 따라서 온도 센서와 가속도 센서, GPS 등 다양한 종류가 존재하고 최근에는 미각 센서나 향기 센서 등과 같이 인간의 오감을 대체하는 것들도 등장하고 있다.

또 일반적인 인식과는 달리 카메라나 마이크 등도 센서의 일종으로 여겨지는 경우가 많다. 정보처리 기술의 발전에 의하여 영상이나 소리를 분석하고 거기에 무엇이 찍혀 있는지, 소리의 주체가 무엇인지 등의 정보까지 자동적으로 파악할 수 있게 되었기 때문이다. 예를 들어 인간의 두 눈이 실행하는 것과 마찬가지로 두 대의 카메라가 촬영한 영상의 시점 차이로부터 입체감을 파악할 수도 있다.

이와 같이 센서에는 여러 가지 종류와 형태가 있지만 구축되는 IoT 시스템에 맞지 않는 센서를 탑재하게 된다면 최종적인 목표 달성을 위해 필요한 데이터를 얻을 수 없게 된다. 따라서 IoT에서는 어떤 센서를 사용하고 어떤 현상을 어떤 형식으로 데이터화할 지를 검토하는 것이 매우 중요한 작업이다.

최근에 드론이라 불리는 소형 무인비행기(UAV)가 주목받고 있다. 드론은 고성능화가 진척되어 페이로드(최대 적재량)가 30kg에 달하는 기종도 등장했다. 이 정도의 성능이라면 다양한 카메라와 센서를 탑재하여 주위의 환경을 파악할 수 있다. IoT 시스템의 중요한 구성 요소로서 드론을 꼽는 의견도 적지 않다.

실제로 건설 현장에서 공사장의 상황을 디지털 데이터화하기 위하여 카메라를 탑재한 드론을 사용하고 있다. 일정 간격으로 영상을 촬영하고 나중에 그것을 하나의 데이터로 연결하는 것이다. 또한, 그렇게 수집한 영상을 활용하여 3D 지형 데이터를 생성하는 기술도 발달하고 있다. 오히려 이 사례들은 뒤에서 서술하게 될 IoT의 구성 요소인 ⑤ 정보처리에 해당되는 내용이지만 마치 고성능 센서를 드론에 탑재한 것으로 볼 수도 있는 것이다.

이 카메라 대신에 적외선을 파악하여 대상의 열 분포를 가시화할 수 있는 서모그래피 카메라로 교체한다면 어떻게 될까. 인간의 눈에 비치는 것과는 다른 세상이 되겠지만 피사체 안의 어떤 부분이 뜨거운지를 파악할 수 있게 된다. 이 기술을 활용하여 태양광 발전 패널의 고장을 찾아내는 시도가 이루어지고 있다. 태양광 발전 패널 표면에 흠집 같은 것이 나게 되면 거기에서 발생한 전력이 방출되지 않아 그 부분이 열기를 띠게 된다. 따라서 서모그래피 카메라로 태양광 패널을 촬영하면 인간의 눈으로는 알기 힘든 고장이라도 순식간에 감지해낼 수 있다. 이를 이용하여 경비회사 ALSOK(종합 경비 보장) 등이 메가 솔라(대형 태양광 발전 시설)의 유지 보수 서비스를 실시하기 시작했다.

이와 같이 어떤 센서를 탑재하는가에 따라서 그 이후에 가능한 행위가 규정된다. 다만, 특정한 기능의 센서를 다른 목적으로 활용할 수 없는 것은 아니다. 아까 얘기했던 와이퍼가 그 좋은 예이다. 와이퍼는 일반적인 의미의 센서는 아니지만 '비가 내리기 시작하면 운전자는 와이퍼를 작동'시키기 때문에 와이퍼를 강우 센서의 일종으로 볼 수도 있다. 이렇게 '숨겨진 센서'와 '숨겨진 데이터'를 발견해 내는 것도 IoT 시스템의 디자인에서 재미있는 부분일 것이다.

이 책의 초반에서 언급했던 '야마노테선 트레인 넷'의 사례에서도 애초의 목적과는 다른 목적으로 센서를 활용하고 있다. 바로 혼잡도의 산출이 그것이다. E231계(㈱) 차량에는 중량 센서가 부착되어 있다. 이것을 통해 무게를 감지하고 승객의 평균 체중을 감안해 혼잡도를 계산해 내게 되는데 사실 이 센서가 설치되어 있는 진짜 목적은 전철을 정지시킬 때에 브레이크를 최적의 상태로 제어하기 위해서이다. 하지만 그 데이터에 간단한 추가 처리를 하게 되면 혼잡도를 파악할 수 있기 때문에 서비스에 활용하고 있는 것이다.

이 사례에서도 알 수 있는 바와 같이 센서라는 요소에 대하여 생각할 때에는 일반적 의미의 '센서'만을 고려하는 것으로는 부족하다. 대상이 되는 사물로부터 어떤 데이터를 얻을 수 있는지와 그것을 어떻게 가공하면 어떤 정보가 생성될지를 잘 생각한다면 IoT 시스템은 예상치 못한 영역으로 크게 확장될 수 있을 것이다.

다만, IoT란 '사물을 인터넷에 연결하여 떨어진 장소로부터 다양한 데이터를 수집·송신하거나 사물을 제어할 수 있게 되는 것'이므로 엄밀히 얘기하자면 명확한 센서가 존재하지 않는 IoT 시스템도 있을 수

    IoT 비즈니스 모델 혁명

있다. 가령 집 열쇠를 IoT화하는 경우 열쇠가 잠겨 있는지를 파악하기 위해서는 센서가 없더라도 열쇠의 제어 로그(열기·닫기 제어를 몇 회 실시했는지)를 확인하면 가능하다.

또한, 앞에서 언급한 RFID를 사용한 시스템의 경우 RFID를 장착한 사물이 어디에 있는지는 판독 기계쪽에서 파악한다. 이는 센서가 존재하지 않는 것이 아니라 IoT 시스템 안의 다른 요소로 센싱을 하고 있는 것으로서 사물에 너무 주목하게 되면 IoT 시스템의 전체 모습이 보이지 않게 되는 좋은 예라고 할 수 있다.

IoT의 구성 요소 ③ 프로세서

IoT화할 '사물'이 어떤 기기나 장치일 경우에는 그 사물이 이미 가지고 있는 정보처리 능력을 이용할 수 있다. 따라서 가전제품이나 사무기기, 모빌리티 등과 같은 분야는 IoT를 전개하기에 비교적 쉬운 영역이라고 생각할 수 있다.

그러나 그러한 기기만을 IoT화할 수 있는 것은 아니다. 프로세서가 지속적으로 소형화·고성능화되고 있는 덕분에 예전에는 생각할 수 없었던 소형 제품조차도 정보처리 능력을 가질 수 있게 되었다. 더 나아가 IoT 활용을 염두에 두고 전용 프로세서를 개발하려는 움직임도 나타나고 있다.

정보처리를 위한 CPU(중앙처리장치), 프로그램과 데이터를 저장하는 메모리, 그리고 관련된 주변 회로를 하나의 전자회로기판에 모은 '마이콘 보드[주]'라는 장치가 있다. IoT에 대한 높은 관심 덕분에 마이콘 보드의 소형화와 고성능화도 급속히 진행되어 시판되고 있는 마이콘 보드를 구매하여 기기에 설치하기만 하면 일반인도 간단하게 IoT 디바이스를 개발할 수 있게 되었다.

일례로 인텔이 판매 중인 '에디슨(Edison)'은 $35.5 \times 25 \times 3.9$밀리미터 크기의 초소형 마이콘 보드인데 매스컴에서 소개될 때에는 '우표 크기'라고 표현하고 있다. 또 에디슨에는 통신 기능(Wi-Fi와 블루투스 4.0)이 탑재되어 있어 IoT 디바이스 개발이 훨씬 더 쉬워졌다.

2015년 세계 최대 수준의 전자제품 전시회이며 매년 1월에 미국 라스베이거스에서 개최되는 CES(컨슈머일렉트로닉스 쇼)에서 이 에디슨을 사용한 웨어러블 디바이스인 '스노우 쿠키'가 소개되었다. 이것은 폴란드의 벤처기업이 개발한 손바닥 크기의 반구체 모양 기기로서 스키나 스노보드판에 설치하여 사용한다. 기기 안에는 가속도 센서와 지구자기 센서 등이 설치되어 있어서 이를 통해 활주 중의 상태나 활주 거리 등을 파악할 수 있다. 이 데이터는 사용자의 스마트폰에 전송되고 사용자는 앱을 통해 정보를 확인할 수 있는 구조로 되어 있다. 이것은 별도 부착식 기기의 사례이지만, 이 정도로 작은 마이콘 보드가 보급된다면 스키 보드처럼 지극히 단순한 사물도 IoT의 대상이 될 수 있을 것이다.

다만, 프로세서도 센서와 마찬가지로 반드시 사물 쪽이 기능을 가지고 있어야 하는 것은 아니다. RFID를 이용한 시스템에서는 사물 쪽에서는 일체 복잡한 정보처리를 하지 않기 때문에 프로세서 비슷한 것도 탑재되지 않는다. 또한, 앞서 얘기한 대로 IoT 시스템의 대상이 되는 '사물'을 간접적으로 파악하는 방법도 있다. 이렇게 한다면 빗방울 하나하나에 프로세서를 집어넣지 않아도 우량계(혹은 자동차 와이퍼)를 IoT화

주) 마이콘 보드 : OSHPC(Open Source Hardware platform) 또는 DIY보드라고도 한다.

IoT 비즈니스 모델 혁명

하는 것으로 해결된다.

또한, 뒤에 언급할 예정이지만 사물 쪽에서 고도의 정보처리를 할 필요도 없다. IoT는 문자 그대로 '사물 인터넷'이므로 그 통신 기능을 활용하여 떨어진 장소에서 정보를 처리할 수 있기 때문이다. 실제로 IoT 시스템을 디자인할 때에는 사물 쪽에서 정보를 어디까지 처리할 것인지에 대하여 다양한 가능성에 대한 검토가 이루어진다.

 ## IoT의 구성 요소 ④ 통신 기능과 네트워크

사물 '인터넷'인 IoT에 있어서 데이터를 주고받는 요소는 떼 놓고 생각할 수 없다. 하지만 그것을 어떻게 실현할 것인지에 대해서는 몇 가지의 패턴을 생각해 볼 수 있다.

가장 단순한 것은 데이터를 생성하는 사물과 그 데이터를 이용하는 시스템을 직접 연결하는 것이다. 손보재팬일본흥아(일본 최대의 손해보험회사)가 제공하고 있는 법인 대상 사고 방지 서비스 '스마일링 로드'에서는 차재기(자동차에 부착하는 무선장치)를 IoT화하여 정보를 주고받는다. 이 차재기에는 3G 통신 기능이 탑재되어 있어서 3G 회선을 통해 관리 센터에 접속하고 데이터를 송수신하는 구조로 되어 있다.

다만, 이와 같이 이동통신사의 통신회선(3G, LTE 등)을 사용하는 패턴은 그 구조가 매우 간단하지만, 대신 사물 쪽에 요구되는 조건이 커진다. 통신에 필요한 장치뿐 아니라 SIM 카드를 주입하는 슬롯을 설치해야 하며 회선과 항상 접속하기 위한 전원도 확보되어야 한다. 따라서 이 제약 조건을 충족시킬 수 있는 사물은 그 범위가 한정될 수밖에 없다. 또한 조건을 충족시킨다 해도 통신회사의 회선을 사용하기 때문에 매월 일정액의 통신요금을 지불해야 한다. 최근에는 IoT 기기 대상의 통신 요금제를 마련한 통신회사도 등장했지만 IoT 기기를 대량으로 보급할 경우에는 통신회선 사용료도 무시할 수 없는 요소가 될 것이다.

그리고 전파법상 이동통신사의 회선을 사용하는 단말기는 지상 혹은 실내에 있어야 한다는 제약이 있다. 가령 드론에 3G나 LTE 통신 기능을 탑재하면 드론을 조작하여 도쿄에서 홋카이도까지 비행할 수도 있지만 그것은 법률 위반 행위가 되는 것이다.

이런 문제를 어느 정도 해결할 수 있는 것이 Wi-Fi를 사용한 통신이다. PC나 태블릿 단말기처럼 Wi-Fi를 경유하여 네트워크에 접속하고 데이터를 이용하는 시스템에 연결한다. 이렇게 된다면 사물 쪽에 설치해야 하는 통신기기는 비교적 작은 형태로 구성된다. 다만, Wi-Fi도 소비전력이 크기 때문에 소형이면서 배터리를 사용하는 기기가 항상 Wi-Fi에 접속해야 하는 경우에는 적합하지 않다.

그래서 최근 주목을 받고 있는 것이 블루투스를 통해서 IoT 디바이스 부근에 있는 스마트폰이나 PC 등의 통신 기능을 가진 기기에 접속하는 방법이다. 블루투스는 소비전력이 적기 때문에 극히 작은 사물이라도 배터리 방전의 걱정 없이 계속 이용할 수 있다. 또한, 유저가 스마트폰을 가지고 있기만 하다면 그 3G·LTE 회선을 통하여 비교적 넓은 범위에서 네트워크에 접속할 수 있게 된다(게다가 회선 사용료는 유저 부담이다). 이렇게 되면 유저가 스마트폰 등의 관련 기기를 소지해야 한다는 제약 조건이 발생하지만 스마트폰의 보급률은 계속해서 늘어가고 있는 추세이다. 특히 소비자 대상의 IoT 서비스를 계획하고 있는 경우에는 검토할 가치가 있는 방법이라고 할 수 있겠다.

　　　　　　　　　　　　　　　　　　　IoT 비즈니스 모델 혁명

이외에도 다양한 통신 형식과 구조가 존재하고 있어서 IoT 시스템 구축에 활용되고 있다. 여기에서는 무선통신만을 소개했지만 조건만 맞는다면 유선으로 네트워크에 연결하는 것도 물론 가능하다. 다만, 효율적인 IoT 시스템이란 어떤 형태여야 하는가에 대한 기술적인 요건을 논하는 것이 이 책의 주제가 아니기 때문에 여기에서는 어떤 방식을 선택해야 하는지에 대한 내용은 다루지 않겠다. 한 가지 분명히 기억해 두어야 할 것은 그 IoT 시스템으로 어떠한 가치를 창출하려 하는가를 고민하고 이를 위한 최적의 통신 시스템을 마련해야 한다는 것이다.

IoT의 구성 요소 ⑤ 정보처리

지금까지 알아본 네 개의 요소가 갖춰지면 일단 사물을 네트워크에 연결하여 데이터를 주고받을 수 있게 된다. 하지만 IoT가 어느 정도의 가치를 창출할 수 있는가는 다섯 번째 요소인 '정보처리'가 어느 정도의 역할을 하느냐에 달려 있다고 할 수 있다. 반대로 사물로부터 아무리 귀중한 데이터를 수집한다고 해도 정보처리를 통해 가치를 창출하지 못한다면 보물을 가지고 있으면서도 썩히는 꼴이 될 것이다.

앞에서 언급한 대로 최근에 IoT가 주목을 받게 된 것은 이 정보처리 부분에서 환경이 정비되고 노하우의 축적이 진행된 것이 하나의 원인이라고 할 수 있다. 어떤 정보처리가 진행되고 있는지에 대하여서는 비주얼화, 해석, 예측·최적화의 세 종류로 정리하고자 한다.

먼저 비주얼화란 사물에서 전송된 가공되지 않은 데이터를 인간이 해석하기 쉽도록 그래프나 테이블, 대시보드 등의 형태로 가공하는 것을 의미한다. 예를 들어 '오전 8시의 기온이 27도, 오전 10시의 기온이 30도'라는 데이터가 있을 경우 그 수치를 나열하기보다는 그래프로 표시하는 편이 '기온이 상승하고 있다'는 경향을 파악하기 쉬울 것이다. 또한, '30도를 넘을 경우에는 빨간색으로 표시'하여 눈에 잘 띄게 한다면 이상 수치나 주의해야 할 정보를 파악하기 쉬워진다. 앞에서 소개한 야마노테선 트레인 넷의 경우 운행 중의 각 열차·각 차량에서 수집된 데이터는 그대로 표시되지 않고 앱에 보기 좋게 가공되어 표시된다. 가령 혼잡도를 세 단계로 나누어서 상황을 한눈에 파악할 수 있는 아이콘으로 표현하는 방법이다. 기계가 주도하여 정보를 처리하는 것이 IoT의 본질이라고는 하지만, 마지막까지 그 정보를 기계에 맞추어진 형태로 유지한다면 인간이 유용하게 활용할 수 없을 것이다. 그 시점에서 인간을 위해 가공하는 것이 비주얼화이다.

두 번째의 해석은 사물로부터 전송된 가공되지 않은 데이터 중에서 의미가 있는 현상을 발견하는 것을 의미한다. 전형적인 예는 화상 해석이다. 최근에 거리나 건물 안에 설치된 CCTV를 네트워크에 연결하여 영상을 원격에서 확인할 수 있게 되었는데, 전송된 영상을 인간이 일일이 확인한다면 결국 수고를 덜 수 없게 된다. 섣불리 기계에게 데이터 생성을 맡겨 버린다면 가공되지 않은 데이터의 양이 너무 많아지는 바람에 오히려 대응할 수 없게 되는 경우도 생길 것이다.

하지만 해석에 의하여 가공되지 않은 데이터 안에 숨겨진 '의미'를 자동적으로 뽑아낼 수 있게 된다면 이러한 수고도 없어진다. 일례로 NTT 커뮤니케이션즈(NTT의 자회사인 일본의 거대 통신회사)는 '시계열 Deep Learning'이라는 인공지능 기술을 개발했다. 이 기술을 활용하여 영상을 해석하게 되면 영상에 찍혀 있는 인물이 '무엇을 하고 있는지'를 판별할 수 있다. 2015년 10월에 실시된 실험에서는 '쭈그리고 앉아 있다.', '주위를 두리번거린다.', '물건을 놓고 있다.' 등의 동작을 80% 이상의 높은 확률로 인식했다고 한다. 이것을 사용한다면 감시 카메라에 무언가 물건을 놓고 있는 사람이 감지되었을 경우에만 경비원에게 경보를 보내는 일이 가능해질 것이다.

세 번째, 예측·최적화는 데이터에서 일정한 경향을 파악하여 그것을 기반으로 최적의 제어를 실행하는 것을 의미한다. 아무리 가치 있는 데이터를 인간이 알기 쉬운 형태로 제공했다고 하더라도 인간이 잘못 이해해 버린다면 아무 소용이 없다. 따라서 그 역할도 기계에게 맡겨 데이터로부터 무엇이 필요한지도 판단하게 하는 것이 예측·최적화이다.

마이크로소프트와 후지츠규슈시스템즈(일본의 종합 전자제조업체 후지츠의 자회사인 시스템 엔지니어링 기업)가 '우보(소걸음) 시스템'이라는 독특한 축산관리 시스템을 개발했다. 이 시스템은 소의 걸음 수를 카운트하는 웨어러블 디바이스를 소에게 부착하고 걸음 수 데이터를 기록한다. 이 데이터를 분석하면 소의 발정기를 예측할 수 있다고 한다. 사실 소는 발정 기간이 짧아서 인공수정 타이밍을 가늠하기가 어렵다. 하지만 이 시스템으로 발정기를 예측하여 인공수정 작업을 최적화할 수 있게 됨으로써 송아지의 출산율을 비약적으로 높일 수 있게 된 것이다.

지금까지 IoT의 주요 정보처리 종류에 대하여 알아보았는데 최근 인공지능 기술의 발전에 따라 해석과 예측·최적화 분야에서 구체적인 사례들이 속속 등장하고 있다. 그에 따라 어떤 비즈니스가 생겨나고 있는지에 대해서는 제3장과 제4장에서 구체적으로 소개할 예정이다.

500억 개의 기기가 인터넷에 연결되고 1조 개의 센서가 정보를 수집하며 더 나아가 그곳에서 생성된 데이터가 적절히 처리되어 새로운 가치와 행동으로 이어지는 것이 IoT 기술의 전체 모습이다. 그렇다면 그런 기술에서 도대체 어떤 세상이 비롯될 수 있을까. 다음 장에서 알아보도록 하자.

Chapter 2

The world where the machine dominates information

기계가 주도하는 정보의 세계

IoT는 'IoE (만물 인터넷)'로 불릴 만큼 최근에는 펜이나 칫솔 등과 같이 극히 일반적인 제품으로까지 그 범위가 확대되고 있다. 이제는 어떤 사물이 네트워크에 연결된다고 해도 놀라지 않을지도 모르겠지만, '속옷'과 IoT의 조합은 의외가 아닐까. 안경이나 손목밴드같이 딱딱한 제품이 아닌, 진짜 섬유로 만들어진 몸에 착용하는 속옷 말이다.

2015년 8월, 오키나와의 나하공항에서 JAL(일본항공)과 NTT 커뮤니케이션즈가 이 속옷을 가지고 실험을 진행했다(자세한 내용은 2장 마지막의 인터뷰 참조). 그 목적은 무더위 속에서 근무하는 공항 근로자들의 컨디션 관리였다. IoT 속옷의 비밀은 그 재료인 기능성 소재 'hitoe(히토에)'에 있었다. 이것은 토레이(합성섬유, 합성수지 등의 화학제품을 생산하는 일본의 대표 화학 기업)와 NTT가 공동 개발한 것으로서 겉보기에는 일반 섬유처럼 보이지만 나노화이버라 불리는 미세한 섬유와 고전도성 수지를 조합하여 제작된 것이다. 이 덕분에 섬유와 사람의 피부가 접촉하기만 해도 정밀한 생체신호(심박수와 심전파형 등)를 수집할 수 있다. 즉 hitoe로 옷을 만들면 착용자의 신체 움직임을 파악하는 '착용하는 센서'와 같은 존재가 되는 것이다.

실험에서는 hitoe로 만든 속옷을 공항의 옥외 근로자에게 입히고 그들의 몸 상태를 원격 감시하였다. 먼저 hitoe의 속옷에 트랜스미터를 장착하여 데이터가 실시간으로 클라우드 서버에 무선 송신되도록 했다. 또 트랜스미터에는 3축 가속도 센서를 부착하여 근로자들의 자세(넘어졌는지의 여부 등)도 확인할 수 있도록 했다. 그리고 클라우드 서버상의 데이터를 멀리 떨어진 JAL 사무실에서 감시하여 더위로 인하여 근로자들에게 문제가 생기지 않았는지를 확인할 뿐만 아니라 어느 정도 작업을 하는 상태인지 등의 컨디션 관리까지 실시했다.

무더위 속에서 이루어지는 야외 작업은 열사병의 위험이 있으며 특히 공항 등에서 근로자가 쓰러질 경우 큰 사고로 이어질 가능성이 있다. 하지만 이 시스템을 이용하면 속옷을 통하여 근로자들의 위험을 즉시 파악할 수 있다. 약간의 관리 비용을 들여서 위험 요소를 큰 폭으로 줄일 수 있게 되는 것이다.

사물에서 데이터를 수집하여 그것을 네트워크를 통해 멀리 떨어진 곳에서 공유하고 다양한 가치를 창출해 낸다. Hitoe의 속옷과 그것을 활용한 시스템은 지금 진행되고 있는 전형적인 IoT의 세상이라고 할 수 있을 것이다. 이렇듯 IoT가 만들어 내는 정보 세상은 과거의 정보 세상과는 무엇이 다른 것일까? 그 옛날 사람이 모든 역할을 담당하고 있던 시절의 정보 세상과 비교해 보도록 하자.

파피루스의 의료 정보 네트워크

지금부터 150년 이상 된 1862년의 일이다. 이집트의 고도 룩소르에서 에드윈 스미스(Edwin Swith)라는 이름의 미국인이 파피루스 두루마리를 손에 넣었다. 당시 룩소르에서 골동품상을 운영하던 그가 유적 속에서 발견된 두루마리를 구입했던 것이다. 이것이 '에드윈 스미스 파피루스'라고 불리게 되는 고고학 자료가 깊은 역사의 심연에서 막 깨어난 순간이었다.

파피루스는 총 길이 약 4.7m로 그 안에는 고대 이집트에서 사용되었

　　　　　　　　　　　　IoT 비즈니스 모델 혁명

던 히에로글리프(Hieroglyph, 신성문자)가 빽빽이 적혀 있었다. 스미스는 그 내용이 외과적 지식과 관련된 무언가가 아닐까 생각했다. 그가 죽은 후, 그 두루마리는 뉴욕역사협회에 기증되어 그곳에서 해독 작업이 진행되었다. 그 결과 에드윈 스미스 파피루스는 스미스가 추측한 대로 기원전 1500년경에 기록된 의학서로 판명되었다. 이것은 고대 의학서 중에서 가장 오래전에 쓰인 것 중의 하나이다.

고대 이집트에서는 이것 외에도 비슷한 파피루스 의학서가 만들어져 의학 지식을 사회에 보급하는데 공헌하였다. 하지만 그중에서도 에드윈 스미스 파피루스가 흥미로운 것은 학문적인 지식을 기술한 것 이외에도 외상을 중심으로 한 48개의 증상이 상세하게 기록되어 있다는 점이다. '머리에 손상을 입어 상처에서 뇌가 노출되어 있다.', '몸이 떨리고 귀와 코에서 피가 나고 있다.' 등의 내용이었다. 이러한 증상에 관한 정보는 인터넷 등으로 간단하게 정보를 입수할 수 없었던 고대 의사들에게 큰 참고가 되었을 것임에 틀림없다. 그것만이 아니다. 현대를 살아가는 우리에게도 파피루스와 히에로글리프라는 매개체를 통하여 수천 년 전에 실존했던 먼 타국 환자의 상태를 알려주는 역할을 하고 있는 것이다.

20세기에 활약한 해롤드 이니스(Harold Innis)라는 사회학자가 있다. 그는 고대 이집트에 거대한 왕국이 탄생하여 오랜 세월 동안 번영할 수 있었던 이유 중의 하나로서 파피루스의 등장을 꼽고 있다. 석판이나 비석과 달리 무게가 가벼운 파피루스는 운반하기 쉬워서 아주 먼 곳까지 정보를 전달할 수 있다. 따라서 왕의 명령이나 중요한 정보를 광대한 국토의 구석구석까지 단기간에 전파시킬 수 있었다. 결국, 파피루스가 고대 이집트판 인터넷과 같은 정보 인프라의 역할을 수행했던 것이다. 이니스는 이 '파피루스 인터넷'에 의하여 시간과 공간을 초월한 커뮤니케이션이 가능해졌고 그것이 왕을 정점으로 한 거대 조직의 유지를 가능하게 했다고 생각했다.

에드윈 스미스가 구입한 파피루스와 오키나와의 실험에서 사용된 hitoe는 사람의 몸에 관한 정보를 전해주고 있다는 점에서는 다르지 않다. 하지만 그 주변을 둘러싼 정보 공간은 큰 차이가 있다. 파피루스와 그것을 활용하는 사람들이 만들어 낸 것은 사람이 주도하는 정보 공간이다. 그곳에서는 사람의 손에 의하여 정보가 생성되고 공유되며 활용된다. 한편, hitoe와 그와 관련된 시스템이 만들어 낸 것은 기계가 주도하는 정보 공간이다. 그곳에서는 기계가 주역이며 사람은 처음과 마지막, 즉 정보가 모이는 환경을 구축하는 단계와 수집·분석된 정보를 활용하는 단계에서만 등장하게 된다.

기계에 의한 정보 공간

그렇다면 사람이 주도하는 정보 공간과 기계가 주도하는 정보 공간에서는 정보의 모습에 어떤 차이가 있을까.

먼저 에드윈 스미스 파피루스에 대하여 다시 살펴보자. 분명 그것은 이집트라는 광대한 땅에 의학 지식이 보급될 수 있게 해 주었다. 하지만 그 목적(의학 지식의 전파)을 달성하기까지 어떤 과정이 필요했던 것일까.

우선은 사람 의사가 환자를 진단하고 정보를 모은다. 그때 모아진 정보는 자신의 언어로 정리할 필요가 있다. 가령 체온계가 고대 이집트에 존재했었는지는 모르겠지만 없었다면 '체온이 상당히 높다.', '평소보다 약간 높다.'와 같이 주관적으로 생각해야만 한다.

그 다음 언어화된 정보를 히에로글리프라는 특수한 문자를 이용하여 파피루스에 기록한다. 파피루스의 제작에는 시간과 노력이 필요하기 때문에 절대 저렴한 물건이 아니다. 또한, 한쪽 면에만 문자를 적어 넣을 수 있기 때문에 책처럼 양면에 문자가 기록된 종이 다발이 아닌 두루마리 형태로 되어 있다. 이러한 제약 사항이 있으므로 의사는 히에로글리프를 되는대로 적어 넣지 않고 정보의 취사선택을 해야만 한다.

파피루스 두루마리가 완성되면 이제는 유통 과정으로 넘어간다. 의학서를 필요로 하는 사람들에게 신속하게 전달해야만 하는데 여기에는 당연히 시간이 소요된다. 낙타는 사람을 태운 상태에서도 시속 13~14km로 달릴 수 있다고 하지만, 룩소르에서 카이로까지 직선거리로 500km 이상 떨어져 있기 때문에 카이로까지 30시간 이상 걸린다는 계산이 나온다.

그리고 파피루스를 전달했다고 할지라도 그것을 입수한 사람이 거기에 쓰여 있는 히에로글리프를 읽고 해석하고 의료 행위를 할 만한 지식과 기술을 지니고 있어야만 한다. 실제로 고대 이집트의 의학서 중에는 방대

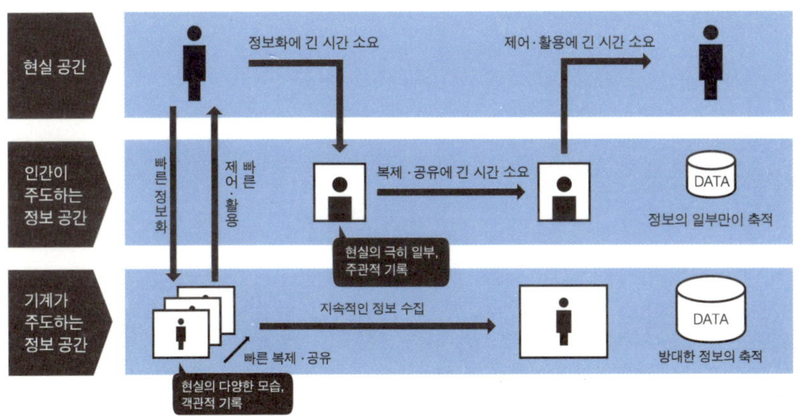

[그림 3] 기계에 의한 정보 공간

한 주석이 첨부되어 있는(그것이 사용되었던 당시부터) 것이 있다. 고대에 사용되던 의학 용어가 긴 시간이 경과되는 동안 잊혀 버려 그 용어만 봐서는 이해할 수 없기 때문이었다.

이해할 수 있다고 해도 정보를 무제한으로 축적할 수 있는 것은 아니다. 물리적인 형태를 가진 파피루스를 보관하기 위해서는 그것이 손상되지 않는 환경의 넓은 저장고를 준비해야 한다. 또한, 운 좋게 그러한 장소가 마련되어서 수천 개의 두루마리를 저장할 수 있게 되었다고 해도 사람이 그것을 모두 읽고 활용한다는 것은 비현실적이다. 눈앞에 있는 환자로부터 정보를 수집해서 그것을 파피루스에 쓰여 있는 정보와 비교하고 환자를 어떻게 치료할지 결정한다. 그 과정이 다 끝나기도 전에 환자는 목숨을 잃게 될 수도 있다.

이것은 비단 에드윈 스미스 파피루스에 한정된 이야기는 아니다. 사람이 정보 공간 속에서 주도적인 입장에 있는 한, 정보의 교환이나 활용에는 어떤 식으로든 제약이 생길 수밖에 없다. 고대 이집트 이후 종이와 인쇄기, 전신, 전화, 라디오, TV 등 다양한 미디어가 생겨났지만, 정보를 모으고 공유하고 활용하는 데에는 어느 정도 한계가 있기에 실제로 재현되는 것은 현실 공간의 극히 일부에 불과하며 활용하는 데에도 일정한 시간이 필요했다.

그렇다면 앞서 소개한 바 있는 hitoe에 의한 정보 수집과 그것이 실현시킨 '기계에 의한 정보 공간'에서는 어떻게 달라지는 것일까.

우선 정보 수집 면을 보자면 hitoe는 입고 있기만 해도 신체에 관한 정보가 바로 데이터화된다. 그것은 객관적인 수치로서 '약간 높을지도 모른다'와 같이 애매하게 표현되지 않는다. 또한, 수치이기 때문에 영어를 일본어로 번역하는 등의 변환 작업이 발생하지도 않는다.

　　　　　　　　　　　　　IoT 비즈니스 모델 혁명

데이터의 수집과 보관에는 거의 비용이 발생하지 않기 때문에 가능한 한 다양한 양이 기록된다. 물론 티끌 모아 태산이라고 '빅데이터' 정도의 방대한 데이터라면 그 처리 비용도 무시할 수 없겠지만 각각의 작업을 놓고 본다면 부담이 되지 않을 정도로 적은 금액이다.

데이터의 복사나 전송에 소요되는 금액도 적을 뿐 아니라 순간적으로 진행된다. 지리적으로 거리가 멀다 해도 상관없다. 그리고 앞서 언급한 바와 같이 받는 쪽의 기계에서 번역 작업이 발생하는 일도 없이(엄밀히 말하면 '데이터 클렌징'이라 불리는 다양한 사전 처리가 필요하지만) 바로 활용할 수 있다. 예외가 있다면 수집·공유된 데이터를 사람이 사용하려 할 때 정도인데 이 경우에는 시간과 노력을 들여서 사람이 이해하기 쉬운 형식으로 데이터를 가공해야 한다(그리고 그것을 전달받은 사람이 즉시 행동으로 옮긴다는 보장도 없다).

더 나아가서 사람에 의한 정보 공간과 기계에 의한 정보 공간의 결정적인 차이는 데이터를 계속적으로 수집하고 대량으로 축적할 수 있다는 점이다. 에드윈 스미스 파피루스에 기록되어 있는 것은 어디까지나 부상을 입은 환자의 한순간의 상태일 뿐이다. 하지만 hitoe에서는 어떤 이상이 발생하기 전의 건강한 상태부터 극히 짧은 주기로 데이터를 얼마든지 기록할 수 있다. 즉 정상일 때와 이상이 있을 때를 비교하여 그 둘의 차이를 보

정보 공간	사람 주도	기계 주도
현실의 정보화	시간 소요, 주관적	짧은 시간, 객관적
정보화의 빈도	낮음, 단편적	높음, 계속적
정보화할 수 있는 현실	극히 일부의 현상	다양한 현상(에 가까워지고 있다)
복제와 공유	긴 시간 소요	순식간에 가능
정보의 축적	한계가 있으며, 일부분만을 활용 가능	대량으로 축적·활용 가능
현실에서의 활용	제어와 정보 활동에 긴시간 소요	순식간에 제어와 정보 활동 가능

[그림 4] 두 개의 정보 공간에서 보여지는 정보의 모습

다 상세하게 파악하거나 어떤 식으로 변화했는지를 시간순으로 확인하거나 혹은 과거의 방대한 데이터에서 비슷한 사례를 찾아내는 일들이 가능해지는 것이다.

이와 같이 기계에 의한 정보 공간은 가히 '혁명적'이라고 부를 수 있을 정도로 이전과는 다른 공간이다. 그렇다면 그것이 어떻게 해서 책 초반에 소개했던 '사람이 없어도 되는 세상'을 실현하게 되는지 생각해 보도록 하자.

주목할 것은 타율일까

먼저 '온갖 정보를 망라할 수 있게 된다'는 점이다. 그것은 사람이 정보 수집 작업에 참여하지 않아도 되는 것임과 동시에 사람이 발견하지 못하는 정보를 찾아낼 수 있게 되는 것을 의미한다.

스포츠와 기록은 떼려야 뗄 수 없는 존재이다. 에드윈 스미스 파피루스가 쓰이기 전인 이집트 중왕국(기원전 2040년경~기원전 1782년경) 시대에 만들어졌다고 추정되는 '베니 핫산의 암굴 묘지'라는 고대의 묘지가 있다. 이 묘지 내부에는 당시의 스포츠를 포함한 수많은 벽화가 그려져 있는데 특히 레슬링의 경우에는 400종류 이상의 경기 모습이 그려져 있다. 또 엄밀하게 말하면 스포츠는 아니지만 기원전 4세기경부터 5세기 중반까지 천년에 걸쳐 계속된 로마제국의 검투사 경기에 대해서도 많은 자료가 남아 있어서 참가자의 사망률과 보수까지도 파악할 수 있다고 한다.

다만, 중요한 것은 '기록되는 데이터'가 '기록해야만 하는 데이터'인가이다. 각 나라에서 베스트셀러가 되었고 그 이후에 브래드 피트 주연의 영화로까지 제작된 마이클 루이스의 논픽션 《머니 볼》에서는 이 테마를 정면으로 다루고 있다.

이 책의 주인공인 미국 메이저리그 만년 최하위 구단, 오클랜드애슬레틱스의 구단장 빌리 빈은 데이터에 기초하여 팀을 구성하고 경기를 운영한 덕분에 2000년부터 4년 연속으로 지구 우승을 이루어내었다. 하지만 그 이전의 구단장과 스카우터들이 과거의 데이터를 무시했던 것은 아니었다. 그들은 타율이나 도루율 등 경기의 승리에 크게 공헌하는 것처럼 보이며 기록하기 쉬운 요소를 중시하고 있었다. 그러나 빌리 빈은 독자적인 연구를 통해 출루율과 장타율 혹은 신중성 등과 같은 기존과는 다른 요소에 주목하여 데이터를 수집했다. 그것이 성공으로 이어진 것이다.

어떤 행위의 어느 부분에 주목하여 어떤 데이터를 모을 것인가는 꽤 어려운 문제이다. 만약 경기장에 입장하기 직전에 3,000ml 이상의 공기를 들이마시면 과학적으로는 아직 입증되지 않은 어떠한 이유 때문에 선수들의 성적이 오를지도 모른다. 하지만 아직 입증된 바가 없어서 한 달 동안(선수들에게 싫은 소리를 들어가며) 실험해 봤지만 결국 헛수고로 끝날 수도 있다. '장래가 촉망되는 투수가 학생 리그에서 던진 강속구의 스피드'라는 데이터도 지금은 스카우터가 스피드건을 손에 들고 전국의 야구장을 돌아다녀야만 수집할 수 있다.

하지만 이제는 기계에 의한 정보 공간이 탄생한 덕분에 스포츠 기록에 관한 이러한 고민은 지속적으로 해결되고 있다. 중요하게 여겨지는 것에서부터 그렇지 않은 것까지 문자 그대로 선수의 일거수일투족을 파악할 수 있게 된 것이다.

미국의 프로농구 리그인 NBA에서는 경기의 자동 데이터화를 신속히 도입했다. NBA는 2012년부터 스포트뷰(sportVU)라는 기업이 제공하는 트래킹 시스템을 테스트하고 도입하였다. 이것은 원래 이스라엘의 한 기업이 미사일 추적을 위해 개발했다고 하는 고성능 기술이다. 지금은 모든 시합에서 이 시스템으로 데이터를 수집하고 있다.

스포트뷰에서 사용되고 있는 것은 일반적인 센서가 아닌 영상을 촬영하는 카메라이다. 최근에는 선수의 신체나 경기 도구(공이나 라켓 등)에 센서를 부착하는 등 보다 더 'IoT적'인 사례도 늘어나고 있지만 이 책에서는 제1장에서 설명한 대로 영상 해석에 의한 현실의 데이터화도 IoT의 사례로서 다루고자 한다. 어쨌든 스포트뷰는 경기장에 여섯 대의 카메라를 설치하고 1초에 25컷의 빈도로 시합을 촬영한다. 그렇게 해서 얻어진 한 시합당 약 43만 건의 영상 데이터를 처리하여 선수와 볼의 위치, 그리고 달리는 스피드와 이동거리, 볼 점유율 등 다양한 정보를 파악하고 있다. 그리고 NBA의 모든 팀에게 카메라에서 얻어진 가공되지 않은 데이터와 가공 후의 데이터를 정리한 보고서를 제공한다. 또한, 일반 팬을 대상으로 특설 사이트인 NBA.com/Stats (http://stats.nba.com)을 통하여 가공된 데이터를 제공하고 있다.

이로 인하여 어떤 선수의 슛 성공률이 어느 정도인지와 같은 비교적 파악하기 쉬운 데이터뿐만 아니라 공을 몇 번 잡았는지, 어느 위치에서 잡았는지, 리바운드의 기회는 몇 번 있었고 몇 번 성공했는지 등 사람이 바로 기록할 수 없는 데이터까지 열람할 수 있게 되었다. 그리고 가공되지 않은 데이터를 분석하면 그 선수는 어떤 팀의 어느 선수와 잘 맞는지, 어떤 상황에 놓였을 때 퍼포먼스가 저하되는지 등 보다 치밀한 정보를 파악할 수 있을 것이다.

이러한 데이터를 어떻게 활용할지는 각 팀의 판단에 달려 있지만 시합

　　　　　　　　　　　　　　　　　　　　　IoT 비즈니스 모델 혁명

의 전략뿐 아니라 선수의 스카우트나 육성 방법, 평가 등을 고려할 때에
도 응용할 수 있을 것으로 기대되고 있다.

스포츠는 경기 내용과 그 결과 사이의 인과관계를 파악하기 쉽기 때문
에 데이터 처리의 범위를 비교적 한정시킬 수 있다. 하지만 대상이 한정
적이라고는 해도 사람이 아닌 기계가 데이터를 처리하게 됨으로써 '스카
우터가 전국을 돌며 정보를 수집하는' 수고는 필요 없게 된다. 그뿐만이
아니라 앞으로는 사람이 미처 수집할 수 없었던 정보까지도 망라할 수
있게 되는 것이다.

티끌도 쌓이면 태산이 된다

2009년의 일이다. 당시 유저가 급속하게 늘어나서 큰 주목을 받고 있
던 트위터의 경영 자료가 유출되는 사건이 발생했다. 그 사건은 세간의
큰 관심이 쏠렸는데 그중에서도 자료 안에 있었던 다음과 같은 구절이
여러 웹사이트에서 소개된 바 있다.

'십억 명의 유저가 있다면 트위터는 지구의 고동소리가 될 것이다.'

즉 무수한 유저가 트위터에 등록하고 트윗을 하게 된다면 마치 심전도
를 측정하여 우리 몸 상태를 파악할 수 있는 것처럼 지구상에서 일어나
고 있는 일들을 파악할 수 있게 될 것이라는 견해이다.

이 구절은 터무니없는 망상이라고 치부되어 야유의 대상이 되었다. 당
시 트위터의 유저 수는 5,000만 명을 갓 넘긴 상황이었기 때문에 10억 명
이라는 숫자는 비현실적이기도 했지만, 더욱 의문시되었던 것은 단순한
중얼거림 수준의 내용이 아무리 많이 올라온다고 해도 그것이 지금의 세

계를 반영할 수 있겠느냐는 점이었다.

그러나 10억 명에는 도달하지 못했지만 오늘날 트위터는 월간 액티브 유저가 3억 명을 넘어설 정도로 성장했으며 하루에 올라오는 트윗의 수는 5억 건에 달하고 있다. '양이 질을 바꾼다는 것'을 몸소 실천해 보이듯이 방대한 데이터를 이용하여 다양한 제품이나 TV 프로그램의 평판을 파악하거나 기업이나 정당에 대한 비판적인 의견의 유무를 조사하는 등의 일에도 많이 활용되고 있다.

또한, 미국 지질연구소(USGS)는 트위터를 분석하여 지진이 발생한 지 29초 안에 지진을 파악하는 기술을 개발했다. 지진이 발생하게 되면 '지진이다!', '흔들렸나?' 등의 트윗이 올라오는 경우가 많은데 그것을 파악하는 방법이다. 물론 USGS는 각 지역에 지진계를 설치해 놓았지만, 미국이라는 광대한 국토 전부를 커버하기에는 역부족이다. 이에 트위터를 마치 '지구의 고동소리' 대신으로 활용하려고 하는 것이다.

이처럼 대단치 않은 듯이 여겨지는 데이터라 하더라도 방대한 양이 축적되면 예상치 못한 가치를 창출해 내는 경우가 있다. IoT는 바로 그러한 데이터를 사람의 손을 거치지 않고 대량으로 수집할 수 있는 구조이다. 그리고 실제로 IoT가 축적한 데이터를 통해 수많은 가치가 창출되려 하고 있다.

2014년 8월 24일 오전 3시 20분, 미국 캘리포니아 주에서 진도 6.0의 지진이 발생했다. 진원지는 와인 산지로 유명한 나파밸리 부근으로 부상자는 120명 이상이며 와인 산업도 큰 피해를 입어, 병입 와인 재고의 90%를 잃은 와이너리도 있을 정도였다.

다만, 이른 새벽이었던 관계로 진원지에서 떨어진 장소에서는 한 번 일어났다가 다시 잠이 들거나 아예 잠에서 깨지 않은 사람도 많았다. 하지만 지진은 자택에 직접적인 피해가 없다고 해도 다른 곳에서 발생한 화재나 뒤이어 발생하는 쓰나미에 휩쓸릴 위험이 있다. 따라서 이 정도 규모의 지진이 발생했을 경우에 피난가지 않고 자택에 머물러 있는 사람들이 어느 정도인지를 파악하는 것은 이후의 방재 계획 수립에 매우 중요하다. 하지만 주민들에게 지진이 발생했을 때 일단 잠에서 깼다가 다시 잠들었는지를 일일이 물어볼 수도 없는 일이다.

그런데 의외의 장소에 정보가 축적되어 있었다. 피트니스용의 웨어러블 디바이스를 생산하는 조본(Jawbone)이었다.

우리 몸의 상태를 파악하기 위한 웨어러블 디바이스에는 수면 시의 상태를 측정하는 기능도 탑재하고 있는 경우가 많은데 조본의 제품 'UP'도 그중의 하나이다. UP은 손목밴드 형태를 하고 있어서 팔에 찬 상태로도 별 불편함 없이 잘 수 있다. 그리고 뒤척임 같은 수면 중의 움직임을 측정함으로써 착용자가 자고 있는지를 데이터화할 수 있다.

물론 이와 같은 데이터를 수집하는 목적은 착용자가 자신의 건강을 관리하기 위해서이다. 하지만 UP의 제조사인 조본도 당연히 모든 착용자의 데이터를 파악하고 있다. 이에 나파밸리에서 지진이 발생했을 때 조본은 그 데이터를 익명으로 정리하여 흥미로운 분석 결과를 발표했다. 지진이 발생한 지역의 주민들이 잠에서 깼는지, 혹은 잠에서 깬 후에 다시 잠들었는지를 가시화한 것이다.

먼저 착용자를 진원지에서의 거리에 따라 네 개의 그룹으로 분류했다. 그리고 각각의 수면 상태를 비교했더니 진원지에서 가장 가까운 지역(약 24km 이내)의 그룹은 착용자 전체의 74%가 지진 발생 직후에 잠에서 깨었고 그 절반인 37%의 사람들이 발생 50분 후인 오전 4시 10분까지 깨어 있었다. 그러나 진원지로부터 약 80~120km 지역에 위치한 그룹에서는 지진의 영향으로 잠에서 깬 것은 전체의 25%에 불과했으며, 50분 후인 오전 4시 10분에는 약 반수인 13%의 사람들만이 깨어 있었다. 재미있는 것은 그 사이에 있는 지역으로서 지진 직후에는 전체의 55%가, 오전 4시 10분에는 19%가 깨어 있었다는 결과가 나왔는데 다음 날 아침 가장 늦게까지 잠을 잔 사람들이 많은 그룹은 바로 이 그룹이었다.

진원지에서 가장 가까운 위치에 있고 큰 진동을 느낀 그룹은 피곤하다고 해도 다음 날 아침 불안해서 잠에서 깬 사람이 많았을 수도 있다. 반대로 진원지에서 먼 지역에서는 깊은 잠에 빠진 사람이 많았기 때문에 늦게 일어나는 사람이 적었을 것이다. 불안할 정도로 흔들리지는 않았지만 어중간한 시간에 눈을 뜨게 된 사람들이 다음 날 아침 늦잠을 자게 된 것이 아니었을까.

이것은 어디까지나 가설에 불과하다. 그러나 '자고 있는지 아닌지'에 대한 단순한 데이터라 하더라도 그것을 대량으로 수집하게 된다면, 이와 같이 흥미로운 고찰을 해볼 수가 있다. 이것은 단순히 흥미 본위의 분석이 아니라 방재의 관점에서 지역의 안전에 기여하는 정보를 생산하게 되는 것이다.

이와 같이 정보의 가치를 높이기 위해서는 정보를 망라하는 것 이외에도 축적되는 정보의 양을 늘리는 방법이 있다. 기계가 주도하는 정보 공간은 바로 이 축적이라는 측면에서 볼 때 이상적이다. 특정한 데이터를 그저 축적만 하는 것이 아니라 그것이 수집되는 빈도와 규모를 사람의 한계를 넘어선 수준으로까지 확장할 수 있다. 또한, 방대한 양의 데이터를 축적한다고 해도 사람이 그것을 읽고 해석하기까지는 긴 시간이 소요되지만 기계라면 순식간에 분석할 수 있다. 이로 인하여 보다 고도의 기기를 통해 복잡한 정보가 수집되고 축적되게 된다면 우리가 상상

    IoT 비즈니스 모델 혁명

하는 것 이상의 가치를 창출하게 될 것임이 틀림없다.

거대한 빌딩의 일각에 위치한 무수한 모니터가 설치된 경비실. 그곳에서는 경비원이 눈을 크게 뜨고 빌딩 내부에 설치된 CCTV가 촬영한 영상을 지켜보고 있다. 하지만 머리가 비상한 대도들(강대국 스파이라고 해도 좋다)은 경비원의 눈을 피해 한순간의 틈을 노려 건물 잠입에 성공한다. 할리우드 영화에서 자주 볼 수 있는 장면이지만, 그것도 옛날 일이 되어 버릴 수도 있다. 이제는 CCTV가 촬영한 영상을 감시하는 것은 같은 건물 안에 있는 사람이 아니라 IoT에 의하여 네트워크로 연결된 기계로 대체되고 있기 때문이다.

2012년 6월 MUNI(샌프란시스코의 시영 철도)는 완전히 새로운 CCTV 시스템을 도입했다. BRS라보라고 하는 회사가 개발을 담당했으며, 카메라로 촬영된 영상은 실시간으로 센터에 보내져 기계에 의하여 해석된다. 그리고 어떤 이상이 감지될 경우에는 SMS(단문 메시지 서비스) 등을 통하여 관계자에게 즉시 경보를 보내게 되어 있다. 경비원은 수상한 자를 놓치지 않기 위해 신경을 곤두세울 필요가 없이 무슨 일이 있을 경우에 바로 대응할 수 있는 태세를 갖추기만 하면 되는 것이다.

BRS라보의 기술에서 독특한 점은 수상한 행동을 판단하는 알고리즘이다. '갑자기 멈추는 인물이 있으면 알릴 것' 등과 같이 관리자가 미리 조건을 설정해 놓는 방식이 아니다. CCTV가 촬영한 영상(카메라가 설치된 각 장소의 일상적인 풍경)을 몇 주에 걸쳐서 기계 스스로 해석하고 '문제가 없는 상태'

의 베이스라인을 구축한다. 그것을 기준으로 하여 그에 벗어나는 상황이 인정될 경우에 이상이라고 판단한다. 또한, 시간대나 요일에 따른 경향(평일은 러시아워가 있고 러시아워 때에는 사람들의 걸음걸이가 빠르다 등)도 고려 대상이 된다. 즉 설치된 장소와 감시하는 시간대에 최적화되어, 전체를 보는 관리자는 알아차릴 수 없는 각 환경 속에서의 '범죄의 조짐'까지도 파악할 수 있게 되는 것이다.

이와 같이 IoT를 활용한 시스템에서는 빈번하면서도 모두 포함되어 수집된 시계열 데이터를 비교하여 각각의 상황에서 최적의 결론을 도출해 낼 수 있다. 아무리 경험이 풍부하고 숙련된 작업자라 할지라도 같은 현장에서 24시간 대응할 수 없고 '4번지 교차로에서 비 오는 날 오후 2시에서 3시에 발생할 가능성이 있는 사고' 따위를 파악하기는 어렵다. 특히 각각의 상황에 맞는 대응이 요구되는 경우에 사람보다 IoT 시스템에 많은 의지를 하게 될 것으로 생각된다.

비슷한 사례를 한 가지 더 소개하도록 하겠다. 철도와 같이 횡적으로 이동하는 교통기관이 아닌 종적으로 이동하는 '교통기관', 엘리베이터와 IoT가 결합된 이야기이다.

엘리베이터를 교통기관으로 표현한 것은 꼭 과장된 것 만은 아니다. NEII(미국 승강기 공업회)의 조사에 따르면 미국 내에 설치된 엘리베이터가 1년간 이동하는 거리의 누적치는 약 22억km에 달한다고 한다. 야마노테선 한 바퀴가 약 34.5km이니 하루에 야마노테선을 약 17만 번 이상이나 순회한다는 계산이 나온다.

그런데 여기서의 문제는 야마노테선과 같이 같은 장소를 일정한 수의 기계가 이동하는 것이 아니라 각각의 환경과 조건이 다른 무수한 건물에서 무수한 기계가 움직이고 있다는 점이다. 전철과 같은 공공 교통기관과 단순 비교를 할 수 없다고는 해도 그 유지 보수의 어려움은 상상할 수 있을 것이다.

이 문제에 대하여 엘리베이터 제조사와 관리 회사들은 원격 감시에 의한 안전 유지 대책을 강구하고 있다. 독일의 대형 제조사이며 엘리베이터 사업 분야에서는 유럽 최대의 점유율을 자랑하는 티센크루프사(社)도 그 중 하나이다. 이 회사는 뉴욕의 원월드트레이드센터 등 세계의 유명 고층 빌딩의 엘리베이터 관리도 담당하고 있다. 이와 같은 주요 시설에서 적절한 유지 보수를 위한 그들의 비장의 무기가 바로 IoT와 기계 학습이다.

이 회사에서는 엘리베이터에 각종 센서를 부착하여 그 가동 상황을 감시한다. 수집된 데이터를 클라우드 서버에서 처리하고 이상한 점을 조기에 파악할 수 있는 시스템을 구축하고 있다. 또한, 구축된 데이터를 활용하여 기계를 학습시키고 숨겨진 고장 패턴을 파악하여 유지 보수를 최적화하는 시스템도 갖추고 있다.

그리고 2015년 10월에 발표된 'MAX'라는 솔루션에서는 기계에 의해 보다 더 본격적인 대응이 이루어지고 있다. 바로 시스템 쪽에서 보수를 담당하는 기술자에게 '각 엘리베이터의 어떤 부분을 수리할 것인가, 어떤 부품을 교환할 것인가' 등을 지시하는 것이다.

앞서 언급했던 바와 같이 엘리베이터는 다양한 환경에 설치되어 있다. 완전히 동일한 제품이라 하더라도 승객 수가 많은 건물에서는 부품이 빨리 소모될 것이며 적은 건물에서는 반대로 유지 보수 시점이 늦춰질 수도 있다. 그 정도의 내용이라면 사전에 예상할 수 있겠지만, 두바이와 같이 미세한 모래로 인하여 다른 곳에서는 볼 수 없는 특정 부품상의 문제가 발생하는 경우도 있을 수 있다. 점검을 위해 방문하고 나서야 비로소 어떤 수리를 해야 하는지 또 어떤 부품이 필요한지를 파악하고 준비를 해서 다시 방문하는 경우도 많을 것이다.

티센크루프는 IoT로 수집한 가동 상황 데이터에 각 부품의 상태를 알려주는 데이터, 과거의 보수작업 실적 데이터 등을 더하여 각 엘리베이터에 어떤 대응이 필요한지를 파악한다. 그 내용을 작업자에게 전달하여 불필요한 수고를 줄이는 등 작업 효율을 높임으로써 보수작업 때문에 엘리베이터가 가동되지 않는 시간을 줄이는 것을 목표로 하고 있다. 또한, 보수작업의 효율화뿐 아니라, 동일한 데이터를 통해 운용 패턴을 최적화하여 이용자의 대기시간 단축을 시도해 나갈 예정이라고 한다.

2008년 세계적으로 도시 인구가 농촌 인구를 역전했지만 도시에 거주하는 인구수는 지금도 계속 늘어나고 있다. 건물은 고층화되고 지금 이상으로 많은 사람이 엘리베이터를 이용하게 될 것이다. 그러한 상황 속에서 각 상황에 적합한 최적의 해답을 도출할 수 있는 IoT는 숙련된 작업자들보다도 더 많은 장소에서 활약하게 될 것임에 틀림없다.

가상 공간을 넘어선 IoT

아무리 컴퓨터의 처리 능력이 향상되었다고 해도 지금까지는 사람을 대체할 수 없는 부분이 한 가지 남아 있었다. 그것은 사람만이 물리적인 현실 공간 속에서 행동할 수 있다는 점이다. 컴퓨터가 행동할 수 있는 것은 디스플레이나 인터넷 안의 '가상' 공간뿐이며 최고, 최적의 수많은 유지 보수 계획을 가지고 있다고 해도 그것을 실행에 옮기는 사람의 작업자가 필요했었다.

하지만 기계가 주도하는 정보 공간이 등장하게 됨으로써 이 부분에도 커다란 변화가 일어나고 있다. IoT의 힘을 빌리면 기계도 자신의 주위에 있는 환경을 이해하고 물리적인 세계에 있는 사물을 적절하게 제어할 수 있게 되는 것이다.

과거에도 산업용 로봇을 포함한 기계가 물리적인 몸을 움직여 현실 세계에 영향을 미치는 형태의 연구가 진행되어 왔다. 그리고 '무어의 법칙'에 따라 정보처리를 담당하는 프로세서는 급속도로 소형화되어 지금은 스마트폰 한 대가 수십 년 전의 슈퍼컴퓨터에 필적할 정도의 수준이 되었다. 그 결과 작은 기계로도 많은 정보를 처리할 수 있게 되어서 고도의 자율제어와 사람과의 커뮤니케이션을 실현하여 마치 로봇화한 것 같은 기능을 갖추게 되었다.

다만, 아무리 로봇이 고도의 정보처리를 할 수 있다고 해도 자신의 주변에 있는 공간을 정확하게 이해할 수 없다면 현실 세계에서 자유롭게 활약하기는 어렵다. 하지만 현실 속에 무엇이 있는지를 이해한다는 것은 디지털카메라를 통하여 빛의 상태를 수치화하는 것과는 차원이 다른 일이다. 그곳에 있는 빛의 집합이 '고양이'라고 불리는 생명체의 모습을 하고 있는지를 판단하는 것은 단순히 빛을 인식하는 것 이상으로 고도의 정보처리가 필요하기 때문이다.

다행히 지금 다시 AI(인공지능) 기술의 진화가 시작되고 있다. 특히 주목받고 있는 것은 딥 러닝(Deep Learning)이라 불리는 방법이다.

딥 러닝은 기계가 스스로 판단하여 주어진 데이터로부터 다양한 정보를 도출해 내는 '기계 학습' 기술의 일종이다. 기존의 기계 학습은 특미량(데이터의 어느 부분에 주목하여 분석할지의 포인트)을 사람이 지시할 필요가 있었다. 가령 어떤 사원이 유능한지 아닌지의 판단을 수식화하기 위하여 방대한 데이터 속의 '지각 횟수'에 주목하는 것처럼 말이다. 그것으로 제대로 판단하지 못할 경우에는 '주고받은 메일의 수'에, 그것도 안 된다면 '야근 시간의 길이'에 주목하는 등 결국 사람이 방침을 지시해야만 한다.

하지만 딥 러닝에서는 주어진 데이터 속에서 기계 스스로가 '특미량'을 추출해 낼 수 있다. 즉 사람의 부담을 크게 덜어내면서 기계를 학습시킬 수 있게 된 것이다.

구글이 발표해 주목을 받은 연구 중에 '영상 속에서 고양이를 인식하는 시스템 개발에 성공했다.'라는 것이 있다. '고양이는 귀가 뾰족하다.', '꼬리가 길다.', '몸이 부드러운 털로 덮여 있다.' 등의 특징을 별도로 지정하여 컴퓨터에 입력한 것은 아니었다. 애초에 이러한 특징은 '고양이'라는 개념을 무리하게 언어화한 것이기 때문에(지금 언급한 조건과 일치하지 않는 고양이도 존재한다) 사전에 특미량을 지시하는 접근은 한계가 있다. 이에 구글이 채택한 방식이 딥 러닝인데, 사전에 특미량을 지시하지 않고 영상 속에서 고양이를 인식하는 시스템 개발에 성공한 것이다.

이와 같이 급속도로 진화를 거듭하고 있는 AI 기술을 한층 더 이용하기 쉽게 해 주는 것이 IoT이다. IoT는 지금까지 사물상에서만 가능했던 정보처리를 통신 기능을 통해 별도의 장소에서도 가능하게 해준다. 따라서 클라우드 서버상에 있는 AI와 사물을 결합시키면 카메라와 같이 지극히 작은 기계라 할지라도 '자신이 지금 촬영한 것은 고양이다.'라고 인식할 수 있게 된다.

실제로 소프트뱅크그룹이 제작한 로봇 '페퍼'는 사람과의 대화에 클라우드 서버를 활용하고 있다. 사람의 말을 페퍼가 음성 데이터로 변환하여 클라우드 서버에 업로드하고 그곳에서 내용을 해석한다. 그리고 가장 알맞은 대답을 도출하여 페퍼에게 보내면 현실 세계에 있는 페퍼가 대답하는 방식이다.

주위의 상황을 파악한다는 점에서 IoT가 공헌할 수 있는 또 한 가지는 기계가 자신 이외의 다른 사물에 부착된 센서를 이용할 수 있게 된다는 점이다.

분명히 앞으로는 수조 혹은 수십조 개의 센서가 사방에 존재하게 될 것이다. 로봇 자체에 탑재된 센서뿐 아니라 가령 길가에 설치된 카메라나 이동체 탐지 센서에서 정보를 얻을 수 있다면 거리를 보다 원활하게 이동할 수 있게 될 것이다. 경우에 따라서는 자신이 가지고 있는 센서로는 탐지할 수 없을 정도로 먼 곳의 상황을 사전에 알아차리고, 먼저 행동할 수도 있게 된다.

이와 같이 IoT는 여러 가지 측면에서 기계와 현실 세계의 연결고리인 로봇의 행동 범위를 큰 폭으로 넓혀 줄 것이다. 그 덕분에 로봇이 더 많이 보급된다면 아마존이 구상하고 있는 것처럼 로봇 자신이 IoT 디바이스의 일종이 되어 현실 세계의 정보를 수집하고 기계에 의한 정보 공간을 풍요롭게 하는 데에 공헌하게 될 것으로 생각된다.

지금까지는 IoT가 어떤 정보 공간을 만들어 내는지에 대해, 그리고 그것이 가지는 특성을 잘 살린다면 '사람이 없어도 되는' 공간을 만들어 낼 수 있다는 것을 설명했다. 사람보다 훨씬 세밀하면서도 넓은 범위를 둘러보고 개별 최적을 검토할 수 있는 기계의 정보 공간은 물리적인 사물까지도 제어할 수 있는 힘을 얻게 되어 사람보다 훨씬 큰 가치를 창출해 낼 수 있을 것이다.

이미 여러분의 머릿속에는 이런 상황에 기초한 구체적인 비즈니스 아이디어가 떠올랐을지도 모르겠다. 그렇다면 IoT가 실현하는 수많은 장점들을 활용하여 실제로 어떤 비즈니스가 구축되어 있는지를 제3장에서 알아보도록 하겠다.

Company 01 NTT 커뮤니케이션즈 주식회사

기술 개발부 기술전략 부문 담당 과장
무라모토 켄이치 씨

ICT 서비스 영업 부문
글로벌 클라우드 세일즈 담당 과장
모우리 타쿠마 씨

기술 개발부 기술전략 부문
코지마 케이코 씨

영업추진본부
서비스 컨설팅 담당 주사
오쿠보 토시히코 씨

경영기획부 홍보실
이마에 유타 씨

Q 2015년 8월 17일부터 9월 4일까지 JAL, 토레이, NTT 커뮤니케이션즈 3사 협동으로 오키나와의 나하공항에서 근로자의 안전관리 실험을 하였는데 어떤 과제를 해결하는 것이 그 목적이었나요?

NTT 커뮤니케이션즈(이하 NTT Com) 공항에서는 '그랜드 핸들링 업무'라고 하는 작업이 이루어집니다. 이것은 비행기가 도착했을 때 혹은 출발하기 전에 수하물을 올리고 내리거나 비행기를 유도하는 등의 작업을 의미하는데 여름철이 되면 이 업무에 종사하는 분들은 무더위 속에서 작업을 하게 됩니다. 원래 현장에는 워터 서버의 설치 등, 그에 대한 대책이 마련되어 있습니다만 사원들의 건강 상태 등을 정기적으로 모니터링하는 시스템은 마련되어 있지 않았습니다. 그런데 토레이와 NTT가 공동으로 개발한 기능성 섬유 소재인 'hitoe(히토에)'를 활용하여 NTT Com이 개발한 '작업자 안전관리 시스템'에 JAL 측에서 관심을 보였습니다. 저희 NTT Com은 이번 실험이 JAL의 열사병 대책에 기여할 뿐 아니라 향후 사회 공헌에도 연결된다고 생각하고 있습니다.

Q 이번에는 몇 명의 근로자들이 참여하여 어떤 실험을 실시했나요?

NTT Com 　오키나와의 나하공항에서 그랜드 핸들링 업무에 종사하는 세 명의 근로자, 그리고 나하공항 안에 있는 JAL 사무실에서 근로자 관리를 담당하는 직원 한 명이 참가하였습니다.

우선 근로자들에게 hitoe로 만든 셔츠를 입고 업무를 진행하게 하였습니다. 이 셔츠를 착용하기만 하면 착용자의 바이탈 데이터를 측정할 수가 있습니다. 또한, hitoe를 통하여 수집된 데이터는 셔츠에 부착된 트랜스미터를 거쳐서 근로자가 가지고 있는 스마트폰에 전송되고 그곳에서 NTT Com의 클라우드 서버에 전송됩니다.

서버에 축적된 데이터는 실시간으로 컴퓨터나 태블릿 단말기를 통해 확인할 수 있습니다. 이번 실험에서는 이 시스템을 근로자의 컨디션 관리에 활용할 수 있을지에 대하여 검증한 것입니다.

Q 　구체적으로 어떤 정보를 확인할 수 있는 건가요?

NTT Com 　hitoe를 통해 얻을 수 있는 데이터는 심전위와 심박수입니다. 또한, 트랜스미터를 통해 3축 가속도 데이터도 수집할 수 있습니다. 이 트랜스미터는 가슴 근처에 달려 있는데 엎드리거나 누운 자세, 즉 근로자가 넘어져 있는지의 여부를 확인할 수 있습니다.

다음으로 클라우드 서버에서는 긴장도 예측이나 열 스트레스 예측과 같은 데이터 분석이 가능합니다. 이러한 정보들은 심박수나 심박의 간격에서 추측할 수 있다고 하는데, 이번에 전용 분석 로직을 개발하여 설치했습니다. 특히 이번 실험에서는 열 스트레스 예측이 공항의 핸들링 업무를 담당하는 근로자의 컨디션 관리에 도움이 될 수 있을지의 여부를 검증해 보았습니다.

hitoe는 의료기기로서 활용하기 위해 개발한 것은 아니지만 병원에서 일반적으로 사용되고 있는 기기와 동일하게 고도의 정밀한 데이터를 수집할 수 있습니다. 따라서 건강관리의 목적에 있어서도 다양한 가능성을 내포하고 있습니다.

이전에는 신체나 운동에 관한 데이터는 데이터를 취득한 본인이 개인적으로만 활용하는 경우가 많았습니다. 하지만 NTT Com의 클라우드 서버에 데이터를 수집함으로써 복수의 관계자가 직원들의 건강 상태를 원격에서 확인할 수 있게 됩니다. 또한, 미리 역치를 설정해 놓으면 경보를 울리게 할 수도 있습니다.

Q 수집한 데이터를 분석하여 다양한 정보로 변환한다는 말씀인데 그 알고리즘은 어떻게 개발한 건가요?

NTT Com 열 스트레스 예측은 후생노동성의 열사병 예방 지침을 참고로 하여 알고리즘을 개발했습니다. 하지만 실제 현장에서 유용한지에 대해서는 실험을 통하여 검증하고 있습니다. 또한, 기타 분석 로직 및 가속도 데이터 활용에 대해서는 NTT 연구소와 함께 연구 중입니다.

Q 개인별 경향에 맞추어 분석을 커스터마이즈 하는 것도 가능한가요?

NTT Com 사람에 따라서는 원래 심박 레벨이 낮거나 높은 등의 차이가 있기 때문에 개인차를 고려한 역치 설정은 향후에 필요하다고 생각합니다.

실제 측정 데이터에서도 이러한 개인차를 확인할 수 있었습니다. 또 작업 내용에 따라서 차이가 생기는 경우도 있었습니다. 예를 들어 소형 비행기에서 수작업으로 수하물 하역 작업을 하거나 비행기 격납고 안에서 웅크린 자세에서 작업할 때의 심박수와 차량 운전업무 시의 심박수 간에는 차이가 있었습니다.

Q 그러한 작업 내용의 차이는 실험 전부터 예상하고 있었습니까?

NTT Com 개인별 작업 내용의 차이에 대해서는 사전에 예상하지 못했지만, 실험 기간 중에 심박 레벨이 떨어진 날이 있어서 작업 내용이 달라졌다는 것을 확인할 수 있었습니다. 이와 같이 작업 내용에 따라 심박수의 변동이 확인된 점은 실험의 성과라고 생각합니다.

Q 데이터 수집에 있어서 예상과 달랐던 점은 있었습니까?

NTT Com 환경 데이터나 작업 내용, 연령이 심박수에 영향을 미친다는 점입니다. 수집한 심박수만을 가지고 '열 스트레스'를 예측하는 방법은 조금 더 고도화할 필요가 있다고 생각합니다.

이번에 나하의 기상 정보와 비교해본 결과, '기온이 높을 때에는 열 스트레스도 높아지는 경향이 있다'는 상관관계를 파악할 수 있었습니다. 하지만 나하 시내와 공항의 기온, 습도 사이에는 큰 차이가 있기 때문에 분석의 정밀도를 높이기 위해서는 실제 현장

　　　　　　　　　　　　　　　IoT 비즈니스 모델 혁명

의 환경 데이터가 필요하다고 생각합니다.

또한, 지금까지 연구의 대부분은 의료 현장에서 수집된 데이터를 기반으로 실시되고 있습니다. 활동 중인 사람의 바이탈 데이터는 현실적으로 거의 존재하지 않습니다. 다만, 이번에는 센서를 통하여 정확히 수집했기 때문에 이 방법은 충분히 장점이 있다고 생각합니다.

Q 이번의 시도가 다른 것에 비해 앞서 있기 때문에 참고로 할 만한 내용이 많지 않다는 말씀이군요.

NTT Com 그렇습니다. 활동 중의 바이탈 데이터는 현재 거의 존재하지 않습니다. 다양한 작업 현장에 있는 근로자들의 건강관리에 있어서는 이제 ICT 기술 활용이 막 시작된 참입니다. 기계의 효율화에 대한 연구는 많이 이루어지고 있으나 그것을 움직이는 사람에 초점을 맞춘 연구는 많지 않은 것이 현실입니다. 그 때문에 저희들은 오히려 이 분야가 연구 테마로서 큰 확장성을 가지고 있다고 생각합니다. 그중의 하나가 '사람 컨디션의 가시화'라는 것이죠.

바이탈 데이터로부터 파악할 수 있는 정보는 아직도 무수히 많은데 가령 정신 상태나 피로도 등도 추측할 수 있다고 합니다. 이 점에 대해서는 앞으로 전문가로부터 조언을 받으며 진행해 나가야 할 부분입니다.

올해부터 hitoe를 활용하여 데이터를 수집하기 시작했습니다만 아직 이 계획은 진행 과정 중에 있다고 생각합니다. 그것을 폐쇄적인 형태로 진행할 생각은 없고, 가능한 한 오픈하여 진행하려고 합니다. 최근에는 API(앱 프로그래밍 인터페이스)를 공개하는 경우가 일반적인데 그러한 구조를 잘 활용하여 hitoe로부터 얻은 데이터를 적절한 형태로 공개하고 전문가들이 활용할 수 있도록 하는 방법도 생각하고 있습니다.

Q hitoe를 착용한 분들이나 그 분들의 건강을 체크하는 관리자들은 어떤 의견이었습니까?

NTT Com hitoe의 센서 부분은 천으로 덮여 있기 때문에 매우 부드러워서 일반적인 셔츠처럼 거부감 없이 착용할 수가 있습니다. 또한, 방수 가공이 되어 있어서 땀을 흘리거나 세탁을 해도 문제가 없습니다. 셔츠를 착용한 근로자들도 셔츠나 스마트폰의 취급에 특별히 문제나 어려운 점은 없었다고 얘기해 주었고요. 따라서 작업 중에 착용한다 해도 문제없는 수준이라는 결론을 내렸습니다.

관리자들은 이상이 발생했을 때의 경보를 보다 알기 쉽게 하는 것, 예를 들어 사무실 안에 알람 음이나 빛이 반짝이는 등의 장치가 필요하다는 의견과 함께 이번 건강관리의 기능 자체는 향후에도 활용하고 싶다는 의견을 주셨습니다.

다만, 도입에 있어서는 비용 면의 문제가 있다는 지적도 있었습니다. 셔츠는 소모품 이기 때문에 여러 벌이 필요하게 됩니다. 손목시계형의 단말기일 경우에는 같은 것을 계속 착용하게 되지만, 셔츠는 땀을 흘리면 갈아입고 세탁하는 등의 상황이 발생합니다. 현재의 작업복도 여섯 벌을 지급하고 있는데, 만약 이 시스템을 본격적으로 도입할 경우에는 동일하게 hitoe 셔츠를 여러 벌 지급할 필요가 있다고 예상됩니다. 따라서 셔츠의 단가가 높다면 운영 비용이 높아질 가능성이 있습니다.

Q 셔츠라는 형태는 착용자의 부담이 적은 반면 별도의 관리상의 과제도 있다는 이야기군요.

NTT Com 그렇습니다. hitoe는 세탁 면에서는 문제가 없지만 아무래도 현장에서 땀을 흘리기 때문에 셔츠를 하루에 두 벌 준비한다는 분도 계십니다.

일반적인 열사병 대책이라고 하면 작업 시에 체온을 재는 것이 가장 좋지만, 사실 직원의 체온을 자주 재는 것은 쉽지 않아서 지금까지 현장에서 취했던 방법은 '수분을 충분히 섭취할 것을 권한다.', '냉방을 한다.', '체크 시트로 자가진단을 하도록 한다.'와 같이 아날로그적인 것뿐이었습니다. 이러한 방법도 어느 정도 효과는 있겠지만 직원이 무리하게 일을 할 경우에는 파악하기 힘듭니다. 하지만 이번과 같은 시스템을 도입하여 근로자의 컨디션을 실시간으로 확인할 수 있게 된다면 신속하고 고도의 대응을 할 수 있게 될 것이라는 의견도 있었습니다.

Q 이번 실험의 결과를 보고 앞으로는 어떤 개선이나 전개를 생각하고 계신가요?

NTT Com 이번 실험에서는 여름철 근로자의 컨디션 관리에 초점을 두고 검증을 실시했습니다만, 공항의 그랜드 핸들링 업무와 비슷한 작업 환경의 업계·업종에서 동일한 방법으로 전개할 수 있을 것으로 생각합니다.

    IoT 비즈니스 모델 혁명

한편으로는 여름 이외의 계절에 수집하는 바이탈 데이터의 활용에 대해서도 앞으로 검토해 나가려고 생각하고 있습니다. 바이탈 데이터로부터 정신적인 면의 파악이 가능하여 연중 건강관리를 할 수 있게 됩니다. 이런 가능성을 실현시키기 위해서도 지속적으로 다양한 알고리즘을 개발하여 바이탈 데이터로부터 도출할 수 있는 정보를 늘려갈 필요가 있다고 생각합니다.

더 나아가 hitoe에서 얻을 수 있는 바이탈 데이터를 다른 데이터와 조합한다면 보다 고도의 분석이 가능할 것이라고 생각합니다. 예를 들어 위치 정보와 조합한다면 고령자와 아동의 안전관리 같은 분야에도 응용할 수 있습니다. 또한, 바이탈 데이터를 장기간 축적한다면 개인별 경향이나 건강 상태의 변화를 정밀하게 파악할 수도 있게 될 것으로 생각합니다.

이와 같이 데이터의 축적이나 조합에서 얻어지는 이점도 향후 고도화의 검토 범위가 됩니다. 앞으로도 현장에서 활용할 수 있는 기술로 발전시킬 수 있도록 연구개발과 실험을 계속 추진해 갈 예정입니다.

(2015년 11월 4일 취재, 존칭 생략)

Chapter 3

Realize the way it should be
최적의 모습을 실현하다

눈을 가리고 코뿔소를 만진다면

2010년 제약회사 바이엘이 기묘한 광고를 선보였다. 눈을 가린 다섯 명의 여성이 등장하여 방 안에 놓인 회색의 물체를 만진다. 하지만 눈을 가리고 있는 그 여성들은 자기가 무엇을 만지고 있는지 알지 못한다. '기둥일까?'라고 말하는 여성이 있는가 하면 '벽 아닌가?', '밧줄인 것 같아.'라고 말하는 여성도 있다. 마지막에 여성들이 눈가리개를 떼고 눈앞에 있는 것이 코뿔소라는 것을 알게 된다는 내용이었다. 이것은 옛날부터 각지에서 전해 내려오는 우화를 영상화한 것으로서 시대와 장소에 따라 내용이 다소 다르기는 하지만 단편적으로 생각하는 것을 경계하는 내용이다.

그러나 이러한 상황은 눈을 뜨고 있다고 해서 일어나지 않는다고 단정할 수는 없다. 지금 여기에 경제적인 이유로 대학교를 자퇴해야 할 처지의 학생이 있다고 하자. 그는 학비와 생활비를 벌기 위하여 몇 가지의 아르바이트를 해야만 하는데 그 때문에 몸이 아프기 일쑤다. 그의 그런 어려운 상황은 그를 담당하는 교수들에게는 '출석률이 나빠졌다.', '성적이 내려갔다.'라는 현상으로 나타날 것이다. 양호실의 담당자에게는 '최근 들어 양호실에 자주 오는 학생이 있다.'라는 현상으로 나타날지도 모른다. 또 총무처 담당에게는 '학비 납부가 연체된 학생이 있다.'라는 현상으로 나타날 가능성이 있다. 이처럼 교수나 각 담당자들은 자신이 인식하고 있는 범위 안에서 문제를 해결하려고 한다. 하지만 모든 정보를 조합해 보지 않는다면 '경제적인 이유로 학교를 그만둘 상황이다.'라는 전체상을 파악하지 못하고 그 학생의 자퇴를 막을 효과적인 방법은 찾아낼 수 없을 것이다.

반대로 생각해 보자. 만약 코뿔소를 만진 여성들이 자신이 얻은 정보를 서로 모아 그것들을 종합해서 생각할 수 있었다면 '이것은 기둥이 아니라 코뿔소일지도 몰라.'하고 알아챌 수 있었을 것이다.

정보를 가능한 많이 또 신속하게 수집하여 정확한 전체상을 파악하고 그것을 기초로 한 최적의 행동을 실현해 내는 것, 그것이야말로 바이엘 광고가 시사하는 바를 이해하는 자세이며 IoT가 비즈니스에 기여할 수 있는 변혁 중 하나일 것이다.

체온계를 스마트폰에 연결한다면?

지금 어떤 일이 일어나고 있는지를 정확하게 파악하는 것은 생각보다 어려운 일이다. 그 이유 중 한 가지는 여러 가지 사정 때문에 판단에 활용할 정보가 제한되어 버리기 때문이다. 중퇴할지도 모르는 학생을 본 대학 관계자는 그에 대한 추가 정보를 얻으려고 해도 직무 규정의 벽에 막히거나 요청한 정보가 도착하기까지 긴 시간이 소요되는 등의 문제에 직면하게 될 수도 있다.

하지만 정보 하나하나는 작다고 하더라도 단기간에 대량으로 수집해 그것을 집약할 수 있다면 어떻게 될까. 기계가 만들어 내는 IoT의 정보 공간 속에서는 아주 쉬운 일이다.

뉴욕에 거점을 둔 벤처기업 킨사(Kinsa)가 개발한 것은 스마트폰에 접속해 사용하는 '스마트 체온계'이다. 입이나 겨드랑이 밑에 넣어서 측정하는 타입과 귓구멍으로 측정하는 타입의 두 종류가 있는데, 두 가지 모두

　　　　　IoT 비즈니스 모델 혁명

측정 결과를 스마트폰에 전송하여 전용 애플리케이션을 통해 가족 전원의 체온 데이터를 관리할 수 있다. 이 애플리케이션에서는 체온 이외에도 기침이나 콧물 등의 증상이 있는지, 약은 언제 복용했는지 등의 정보와 증상을 촬영한 사진을 추가로 입력할 수도 있다.

이것만으로도 충분한 가치를 가진 디바이스이지만 가족 단위로 체온 관리를 해주는 것에서 끝나지 않는다. '플루언시(FLUency)'라는 프로그램을 통해서 이 프로그램에 참가하는 학교의 학생 가족은 이 스마트 체온계를 무료로 받을 수 있다. 그리고 애플리케이션에 입력한 체온 등의 데이터를 익명 혹은 실명으로 소속 학교의 온라인 커뮤니티에서 공유할 수 있다. 공유된 데이터는 학교 단위로 취합되어 그 학교가 지금 어느 정도 건강한지(즉, 고열 등의 증상을 호소하는 학생이 어느 정도 있는지)를 한눈에 알 수 있도록 아이콘으로 표시된다. 지금까지는 각 가정에서 체온을 재고 그것을 종이에 적어서 교사에게 제출한 후 그것을 학교가 취합하는 과정을 거쳐야만 파악할 수 있었던 전염병의 유행에 대하여 가정에서 열을 재는 시점에서 알 수 있게 될지도 모르는 것이다.

이 시스템의 가치는 '열이 나는 건 우리 아이뿐인가?', '학교에서 어떤 전염병이 돌고 있는 것은 아닐까?' 걱정하는 부모의 불안한 마음을 해결해 준다는 점만이 아니다. 질병이 유행할 가능성을 아직 학생들이 등교하기 전 단계에서 파악하여 휴교 등의 대응 조치를 보다 신속하게 취할 수 있게 된다는 점도 중요하다. 게다가 지금까지는 열을 재어 이상이 없을 경우에 그것을 일부러 학교에 보고하는 부모는 많지 않았다. 그러나 킨사를 사용한다면 이상이 없을 때에도 데이터를 수집하여 '언제부터 이상 증상이 발생했는지'를 보다 정확하게 파악할 수 있다. '자녀의 열을 잰다'는 극히 사소한 행위와 그로부터 얻어지는 아주 작은 데이터가 취합되는 것만으로도 그 측정 결과가 큰 가치를 가지게 되는 것이다.

이 '플루언시' 프로그램에서는 앞으로 학교뿐만 아니라 주변 기업이나 공공기관 등도 대상에 포함시킬 것을 검토하고 있다. 그것이 실현된다면 전염병의 유행을 보다 정확하게 파악할 수 있을 것이다. 그리고 체온계라는 단순한 일상용품의 범주를 넘어 사람과 사람을 연결하고 공중위생에 기여하는 프로그램으로 성장하게 된다.

동일한 발상의 의료기기를 한 가지 더 소개하도록 하겠다. 이것도 미국의 벤처기업인 프로펠러헬스(Propeller Health)가 개발한 IoT 시스템을 내장한 천식용 흡입기이다.

천식이 발작했을 때, 환자는 발작을 진정시키기 위하여 곧바로 약을 흡입할 필요가 있다. 그때 사용하는 것이 흡입기인데 이것에 IoT 기능을 추가시킨 것이 프로펠러헬스의 제품이다. 이 제품을 사용하게 되면 사용한 장소와 시간(즉, 발작이 일어난 장소와 시간)이 기록되어 블루투스를 통하여 스마트폰의 애플리케이션에 데이터가 전송된다. 또한, 이 데이터는 의사나 보건기관과도 공유할 수 있다. 이전에도 환자들은 의사에게 발작에 관한 정보를 보고했었지만 이 시스템이 있다면 일일이 적어두지 않아도 정확한 데이터를 기록할 수 있으며, 거의 실시간으로 의사에게 발작이 일어난 것을 보고할 수 있게 되는 것이다.

또 이와 같은 정보가 축적된다면 환자는 자신의 증상에 대하여 보다 정확하게 파악할 수 있게 되고 의사도 그것을 치료에 활용할 수 있게 된다. 또한, 프로펠러헬스의 흡입기를 가진 환자가 특정 지역에 일정 수 이상 존재한다면 천식의 발작과 환경 요인의 상관관계를 파악할 수 있게 될 것이다. 실제로 켄터키 주의 루이빌에서는 300명의 환자가 참여한 대규모 실험이 시행되었는데 천식의 발작과 시간·장소·날씨·풍향 등의 데이터를 조합하여 질병과의 관계를 분석했다. 그 결과 발작을 유발하는 구체적인 원인 물질이 파악되어 그 물질을 피하도록 환자에게 지시했더니 발작의 빈도가 평균치의 절반 정도로 줄어들었다고 한다. 또 1,000명 이상의 환자가 참여한 제2차 실험도 진행되어 공기 중에 떠다니는 미립자의 양을 10% 절감하기만 해도 발작을 약 30% 줄일 수 있다는 연구결과를 얻었다. 결국, 프로펠러의 제품에서 얻어진 정보를 활용함으로써 천식의 발작을 줄이고 의료기관의 부담과 의료비의 절감을 가져올 수 있다는 것이다.

이들 두 의료기기의 사례는 극히 사소한 데이터라 할지라도 대량으로 그리고 지속적으로 수집하게 되면 '실제로 어떤 일이 일어나고 있는지'를 파악하는 데에 공헌할 수 있다는 것을 보여주고 있다. 그리고 현상을 정확하게 파악할 수만 있다면 효과적인 대책을 강구할 수 있게 될 것이다. 기업들은 IoT를 도입한 제품을 기반으로 하여 그와 관련된 문제의 근본적인 해결을 위해 보다 적극적인 역할을 수행할 수 있게 되는 것이다.

커피 머신과 드라이브 레코더가 알려주는 사실

사소한 현상들을 끌어모아 가치를 창출한다는 접근은 질병이나 건강에 관한 데이터에 한정된 것은 아니다. 직원들이 업무를 하고 있는 일상적인 공간 속에서도 잠재적인 가치를 가진 정보가 많이 존재하고 있다.

1971년에 미국 시애틀에서 문을 열었고 지금은 전 세계적으로 2만 개 이상의 매장을 보유한 커피 체인점 스타벅스. 단순히 맛있는 커피를 판매하는 것을 넘어서 자신의 집도, 직장도 아닌 아늑한 공간인 '서드 플레이스’를 제공하는 것을 내세우며 매장 점원의 접객과 서비스에서 좋은 평가를 얻고 있는 브랜드이지만 실은 테크놀로지의 활용에도 힘을 쏟고 있다. 그중의 하나가 커피 메이커 + IoT라는 시도이다.

스타벅스가 실시하고 있는 서비스 중에 ‘스타벅스 리저브’라는 것이 있다. 커피콩에도 다양한 종류가 있는데 그중에는 한정된 시기에 극히 소량만 수확할 수 있는 매우 고급 커피도 존재한다. 이와 같은 프리미엄 커피콩을 스타벅스가 엄선하여 한정된 매장에서 제공하는 것이 스타벅스 리저브이다.

이 서비스에 사용되는 커피 머신 ‘클로버’에 IoT 기술이 활용되고 있다. 그 내용은 다음과 같다. 스타벅스에서는 바리스타라고 불리는 전문 스태프가 커피를 내려주는데 그들이 클로버로 커피를 추출하면 그때 설정 정보(수온과 로스팅 시간 등) 및 기기의 작동 상황이 기록된다. 그 데이터는 통신기기를 통해 업로드되고 ‘클로버 넷’이라는 이름의 클라우드 서버에 모이게 된다. 본부에서는 수집된 데이터를 분석하여 스타벅스 리저브에서 사용하는 각각의 커피콩에 가장 적합한 기기 설정 값을 산출한다. 최종적으로 그 정보를 커피 머신에 다운로드하여 바리스타가 바뀌어도 안정된 품질의 커피를 제공할 수 있도록 한다는 것이다.

이렇게 함으로써 프리미엄 커피를 가장 적절한 상태로 제공할 수 있게 되고 이것은 고객 만족도의 향상으로 이어진다. 또한, 커피 머신의 유지보수 상황을 파악할 수 있으므로 낮은 비용으로 최적의 상태를 유지할 수 있다. 클로버는 한 대에 1만 달러 이상의 값비싼 기계이지만, 이미 500대 이상이 도입되었고 앞으로 두 배로 증가시킬 계획이라고 한다. 이 숫자는 클로버로 인한 데이터 수집과 제어의 가치를 스타벅스가 확실히 인식하고 있다는 것을 증명해 주는 것이다.

스타벅스의 이러한 시도는 바리스타의 '가치 창조를 위한 노력'을 보다 정확하게 파악하고 잘 활용하는 것이라고 할 수 있다. 이와는 반대로 직원의 바람직하지 못한 행동을 파악하고 그것을 방지하는 데 도움이 된 사례도 있다. 손보재팬일본흥아가 시작한 '스마일링 로드'라는 서비스가 그중 하나이다.

스마일링 로드는 법인 대상의 자동차 사고 방지 서비스로서 계약을 체결한 법인이 소유한 자동차에 IoT 기능이 들어간 드라이브 레코더를 설치한다. 이 드라이브 레코더를 통하여 차량의 주행 데이터와 화상 데이터를 기록한다. 그중에서 주행 데이터는 통신 기능을 통하여 실시간으로 센터에 모이고 계약사의 관리자는 자사 차량이 어떤 상태인지를 상시 확인할 수 있다. 사고나 위험 운행 등의 이상이 감지되었을 경우에는 그 순간과 직전·직후 세 장의 사진 데이터와 함께 관리자에게 경보가 울리게 되어 회사에서 재빨리 적절한 대처를 할 수 있게 된다는 것이 대략의 구조이다.

하지만 '사고 방지 서비스'라는 이름을 내걸고 있는 바, 스마일링 로드는 단순한 사실 수집 이상의 기능을 가지고 있다. 그것은 수집된 데이터를 분석하여 알기 쉬운 보고서와 피드백을 제공하는 기능이다.

먼저 운전자에게는 운전 시의 위험도를 분석하여 정기적으로 보고서를 제공한다. 관리자에게도 앞서 언급한 이상 상황 발생 시의 경보 이외에 사내의 운전자 전원에 대한 보고서를 제공한다. 관리자는 그것을 보고 운전 진단 결과와 위험 운전 정보 등의 운전 상황을 운전자 별로 파악할 수 있다. 보고서는 운전 경향을 파악하기 쉽도록 그래프나 점수 등으로 표시되어 있어서 관리자는 그것을 보고 적절한 지도를 할 수 있게 된다.

더욱 재미있는 것은 운전자를 '칭찬'하는 장치가 포함되어 있다는 점이다. 드라이브 레코더를 통해 얻어진 상세한 운전 데이터를 분석하여 위험도 이외에도 '안전 운전도'를 진단한다. '가속', '감속', '핸들링', '에코' 등의 여섯 개 항목을 평가하여 안전 운전을 위한 어드바이스를 제공한다. 또한, 이 운전 진단 결과는 점수로 환산되어 매일 그 순위가 산출된다. 운전 진단의 결과에 따라서 마일리지(포인트)가 쌓이게 되고 적립된 마일리지를 써서 상품을 받을 수 있는 구조로 되어 있는 것이다. 이와 같은 순위나 포인트 적립은 운전자에게 자극제가 되어 안전 운전을 위한 동기부여 요소로 작용할 수 있다.

스마일링 로드의 사례가 알려주고 있는 것은 단순한 데이터의 수집을 넘어서 그것을 인간이 이해하고 행동하기 쉬운 형태로 제공한다는 것의 중요성이다. 평가를 받는 상대가 IoT로 제어되는 기계일 경우에는 제공되는 정보의 '형태'는 중요하지 않다. 하지만 인간을 제어해야 하는 경우, 즉 최적의 행동을 유도해야 하는 경우에는 그 행동을 이끌어낼 수 있는 형태로 정보를 제공해야만 한다. 기계만이 아니라 기계와 인간이 함께 성과를 올리는 환경에서는 이러한 배려가 더욱 중요해질 것이다.

'최적의 행동'을 위한 최적의 장소

스타벅스의 '클로버'와 손보재팬일본흥아의 '스마일링 로드'는 모두 IoT를 통해 업무의 상황을 파악하고 그것을 기존의 틀 속에서 최적화하기 위한 정보를 제공하는 사례였다. 이 '업무의 최적화'라는 측면을 생각했을 때 IoT의 활용에는 또 한 가지의 방향성이 존재한다. 그것은 최적의 행동을 고려할 뿐만 아니라 그것이 일어나는 장소도 최적화하는 것이다.

　　　　　　　　　　　　　IoT 비즈니스 모델 혁명

2011년 9월 6일 국제 우주정거장(ISS) 내에 있는 일본의 유인 실험 시설 '희망'과 지상을 연결하여 우주의학실험 지원 시스템의 기술 실증실험이 실시되었다. 이 시설 안에 체류하고 있는 후루카와 사토시 우주비행사를 피실험자로 하여 모의 문진을 실시한다는 내용이다. 그때 사용된 것이 3M이 판매하고 있는 전자 청진기 '리트만'과 실시간 청진을 가능하게 하는 원격 의료용 소프트웨어였다.

전자 청진기란 문자 그대로 아날로그 청진기에 전자기기를 결합시켜서 모아진 소리에 여러 가지 디지털 처리(기록·증폭·전송 등)를 가능케 하는 디바이스이다. 가령 자연재해가 발생하여 많은 주민이 대피해 있는 대피소가 있다고 하자. 많은 사람이 저마다 여러 행동을 하고 있기 때문에 시끄러운 소음이 발생하여 일반 청진기로는 체내의 소리를 듣기 힘든 상황이다. 하지만 전자 청진기를 사용한다면 미세한 소리의 음량을 증폭시키고 동시에 주변의 소음을 낮추어 의사에게 전달할 수 있게 된다. 또 그곳에서는 음성 데이터를 기록만 하고 나중에 재생하여 다수의 의사들이 증상을 확인할 수도 있다. 즉 청진기를 사용한 문진의 장소를 넓혀 주는 것이다.

하지만 역시 전자 청진기에 기대하는 것은 음성 데이터의 전송 기능을 활용한 원격 의료의 실현일 것이다. 후루카와 우주비행사가 참여한 실험에서도 후루카와 씨 자신이 청진기를 몸에 대어 소리를 수집하고 그 데이터를 지구에 보내서 문진을 진행했다. 우주와 지구를 연결하는 궁극의 원격 의료인 것이다.

이처럼 궤도 상에 있는 우주비행사를 지구의 의사가 진찰하는 시스템이 왜 필요한 것일까. 그것은 우주정거장에서 지구로 돌아와 의사에게 진찰을 받는 데에 막대한 비용이 소요되기 때문이다. 현재 ISS에 체류 중인 우주비행사가 귀환할 경우 러시아의 유인 우주선 소유즈호를 통하게 된다. 소유즈에 의한 우주비행사의 왕복에 어느 정도의 비용이 소요되는지 그 정확한 액수는 발표되어 있지 않다. 하지만 2015년 8월, NASA가 우주비행사의 ISS 왕복을 위하여 6명의 '소유즈 좌석'(훈련비 포함)을 약 4억 9천만 달러(약 6,000억 원)에 구매했다는 보도가 있었다. 한 명당 약 1,000억 원의 금액인데 '컨디션이 좋지 않아 병원에 갔지만 기분 탓이었다.'라는 말로는 해결이 안 되는 액수이다.

물론 우주에서 통원 치료를 받는다는 얘기는 농담이다. 하지만 비슷한 종류의 비효율적인 일들이 우리 주위에서 언제나 발생하고 있다. 수술 후나 투약 후의 상태를 확인하거나 혹은 단순히 불안을 해소하기 위하여 또 혈압이나 맥박, 심박 등의 진단 데이터를 얻고자 병원을 방문하는 경우가 일상생활에서 흔히 일어나고 있다. 물론 그 한 번을 위해 투입되는 시간과 비용은 우주비행사의 그것과는 비교할 수 없을 정도로 적다. 하지만 그것이 대량으로 쌓이게 되면 귀중한 의학적 자원(의사의 진찰 시간과 사용 가능한 의료기기 등)이 헛되이 버려지게 되는 것이다.

교토대학 의학부 부속병원의 쿠로다 토모히로 교수는 의료의 역할을 '진찰', '진단', '연구', '치료'의 네 가지로 나눌 수 있다고 말한다. 즉 환자의 상태를 보고(진찰) 얻어낸 데이터를 기초로 하여 환자가 어떤 질병인지를 판단하고 필요하다면 그 치료법을 검토·연구하여(진단 및 연구) 지금까지의 판단에 의거해 실제로 치료 행위를 하는(치료) 것이다. 하지만 의사라는 자원은 유한하기 때문에 앞으로는 어떤 역할을 의사가 담당하고 그 이외의 어떤 역할을 의사 이외의 사람이나 기계에게 할당할 것인가 하는 '재배분'에 대하여 생각해야만 한다고 쿠로다 교수는 주장하고 있다.

    IoT 비즈니스 모델 혁명

가령 이 네 가지 가운데 '진찰'이라는 역할을 떼어내 환자의 각 가정에서 실시할 수 있도록 한다면 어떨까. 이런 진단 기기가 고가였던 과거에는 개인이 소유할 수 없었고 또한 기록을 할 수 있다고 해도 그것을 의료관계자와 정확히 공유하기 위해서는 많은 수고와 시간이 필요했었다. 따라서 현실적인 이야기라고 할 수 없었지만, IoT에 의한 정보 공간에서라면 그런 걱정은 필요 없다. 킨사의 스마트 체온계가 각 가정에서 아이들의 체온을 측정함과 동시에 학교·의료 관계자와 정보를 공유할 수 있게 해준 것처럼 다양한 진단 기기를 사용한 순간 그 데이터가 공유되기 때문이다.

그 비용 절감 효과가 어느 정도인지를 생각해 보고자 한다면 이 세상에 스마트 체온계도 일반 체온계도 없는 상황에서 '감기에 걸렸나?' 하고 불안해진 사람들이 일제히 병원에 몰려가는(그리고 그 대부분의 사람들은 이상이 없다는 것을 깨닫고 돌아가는) 장면을 상상해 보면 된다. 반대로 그런 부담을 줄임으로써 의사는 '연구'나 '치료' 등과 같이 의사만이 할 수 있는 역할에 전념할 수 있게 된다.

이처럼 IoT는 데이터가 순식간에 공유된다는 특성 덕분에 업무를 구성하는 개별 작업을 따로 떼어서 별도의 장소로 이동시킬 수 있다. 즉 각각의 작업에 맞는 최적의 장소를 고려하여 새로운 모델로 다시 만들 수 있게 되는 것이다. 의료 이외의 사례를 몇 가지 살펴보자.

'물건을 사는' 프로세스의 최적화

　무언가를 구매한다는 행위는 극히 일상적인 것이면서도 복잡한 과정에 의하여 성립된다. 매장이 상품을 매입하고 진열하고 소비자가 그것을 보고 구매할지의 여부를 판단하며 구매한 후에는 그것을 가지고 돌아가는 경우도 있고 배송을 부탁하는 경우도 있다. 각 단계에서는 매장·소비자 이외에도 수많은 관계자가 관여한다. 하지만 IoT를 이용하면 그 과정들을 훨씬 유연하게 구성할 수 있게 된다.

　최근 소매점에서는 '옴니 채널'이라는 개념이 등장하여, 각 회사들이 그 실현을 위해 노력하고 있다. 옴니 채널을 번역하자면 '다양한 채널'이라는 의미로서 고객이 원하는 채널(오프라인 매장이나 온라인 매장 등)에서 일련의 구매 과정을 실현할 수 있게 된다는 것을 의미한다. 게다가 하나의 채널에서 모든 것을 끝내는 것이 아니라 '오프라인 매장에서 실제 상품을 보고 집에 돌아와서 생각해 본 후 주문은 인터넷으로, 배송은 택배를 통해'와 같이 유연하게 선택할 수 있게 되는 것이다.

　IoT를 활용하면 이러한 과정을 더 쉽게 분리할 수 있게 된다. 매장 안의 상품에 RFID를 부착하여 점원이 일일이 확인하지 않더라도 매장을 방문한 고객이 어떤 제품을 집어 들었는지를 기록할 수 있는 것이다. 실제로 이 방법을 미국의 고급 패션 브랜드 레베카밍코프가 뉴욕 매장에서 활용하고 있다.

　IoT로 인하여 '분리'된 상품 구매 과정의 일부분은 의외의 장소, 그러나 소비자에게는 최적이라고 여겨지는 장소로 이동될 수 있다. 그것을 지극히 상징적으로 보여주고 있는 제품이 미국 아마존의 '아마존 대쉬버튼'이다.

대쉬버튼은 손바닥만한 사이즈의 소형 디바이스로서 앞면에는 큰 버튼이 한 개 달려 있을 뿐이다. 플라스틱으로 만들어져 있지만 뒷면에는 자석이 달려 있어서 집 부엌이나 세탁기, 냉장고 등에 붙여 놓을 수 있다. 이 버튼을 누르면 어떤 일이 일어날까? 사실 이 디바이스로 할 수 있는 것은 오직 한 가지, 사전에 설정해 놓은 상품의 주문(및 설정해 놓은 장소로의 배송)이다.

예를 들어 버튼을 누르면 늘 사용하고 있는 세제가 정해진 양만큼 배송되도록 설정되어 있다고 치자. 그것을 세탁기에 붙여 놓는다. 세탁하려고 하는데 세제가 떨어졌다면 주말에 마트에 갈 때까지 기다릴 필요가 없다. 바로 그 장소에서 아마존 대쉬버튼을 누르면 주문이 완료된다. 세제가 떨어진 것을 잊어버렸다고 해도 혹은 급한 일 때문에 마트에 가지 못하는 일이 생겨도 기다리고 있으면 세제가 집으로 배송된다.

물론 온라인에서 일상용품을 구매하는 행위는 지금도 아마존 사이트에서 가능하다. 하지만 PC를 켜서 웹사이트에 접속하거나 스마트폰을 꺼내어 애플리케이션을 열게 된다면 '갖고 싶다'는 충동과 실제의 구매 행위 사이에 벽이 생기게 된다. 하지만 대쉬버튼는 갖고 싶다고 생각한 그 순간에 한 번만 누르면 구매가 완료된다. 주문이라는 과정을 분리하여 어디에서든지 가능하게 한 덕분에 보다 바람직한 장소에서 그것이 이루어질 수 있게 된 것이다.

실은 아마존이라는 소매업자 이외에도 제조사가 동일한 방법을 실시하는 사례도 생기고 있다. 에비앙이 개발한 '스마트 드롭'이라는 단말기가 그것이다. 이것은 물방울 모양의 작은 단말기로서 에비앙 전용 대쉬버튼이라고 할 수 있는 기기이다. 대쉬버튼과는 달리 작은 화면과 몇 개의 버튼이 달려 있어서 이것을 통해 주문하고자 하는 에비앙의 수량과 배송 일을 지정할 수 있게 되어 있다. 이것을 냉장고 등에 붙여 놓으면 에비앙이 떨어진 것을 알아챈 그 순간에 주문이 가능하게 된다.

지금은 대쉬버튼과 스마트 드롭 모두 '인간이 재고를 확인하고 주문 버튼을 누르는' 행위가 필요하지만, 앞으로는 그것조차도 필요 없게 될지도 모른다. 현재 많은 가전제품 제조사들이 '재고 상황을 자동으로 파악하여 알려주는' 기능을 가진 IoT 냉장고의 개발에 착수하고 있다. 그런 기능을 가진 냉장고가 있다면 슈퍼마켓에서 물건을 사던 도중에 '집에 계란이 남아 있었나?' 하고 고민할 필요가 없게 된다. 물론 이것만으로도 편리한 기능이라고 할 수 있지만, 더 편리한 것은 항상 사용하는 것을 자동적으로 주문·보충해 주는 기능일 것이다. 재고를 파악할 수 있는 냉장고가 등장하게 된다면 그것이 자동 주문 기능을 갖추게 되는 날은 그리 멀리 있지 않다. 그렇게 되면 '물건을 구매하는' 과정에도 커다란 변화가 있을 것으로 생각된다. IoT 시대의 소매점과 소비재 기업들은 소매점의 진열대가 아닌 가정의 냉장고라는 공간을 놓고 경쟁하게 될지도 모르는 일이다.

 ## 열쇠를 없앤다는 발상

IoT에 의하여 여러 작업 과정을 분리하고 그것을 원하는 장소에서 이루어지도록 한다면 지극히 사소한 제품에서도 가치를 창출할 수 있게 된다. 아날로그 제품의 절정이라고 할 수 있는 '열쇠'를 예로 들어 생각해 보자.

재산과 귀중품을 지켜주고 개인의 사생활을 보호한다는 목적도 있겠지만, '누군가를 어딘가에 들여놓지 않겠다.'라는 생각은 인간이라면 누구나 가지는 것이다. 따라서 그 생각을 충족시켜 주는 도구인 열쇠의 역사는 매우 긴데 역사상 확인 가능한 가장 오래된 열쇠인 '이집트 자물쇠'는 애드윈 스미스 파피루스 시대 이전인 기원전 2000년경부터 사용되었다고 한다. 이집트 자물쇠를 통해 실현된, 열쇠를 사용하여 자물쇠를 여는 구조는 현대에 이르기까지 변함이 없다. 카드키 등도 물리적인 사물을 가지고 자물쇠를 연다는 점에서 근본적으로는 같은 발상에서 비롯된 것이라고 말할 수 있을 것이다.

그러나 4000년이라는 시간이 지난 현재 IoT로 인해 열쇠의 개념이 변하는 시대가 도래하고 있다. 그러한 움직임 중의 하나가 일본의 벤처기업인 포토신스가 개발한 열쇠를 IoT화하는 장치 '아케룬(Akerun)'이다.

아케룬은 현관 등에 사용되는 자물쇠 위에 덮는 형태로 부착하게 되어 있는데, 안에 있는 전지와 모터의 힘으로 자물쇠를 돌린다. 또한, 무선 통신 기능이 있어서 스마트폰의 애플리케이션을 통해 해제·잠금이 가능하다. 전용 게이트웨이를 사용하면 인터넷을 통하여 열쇠의 개폐를 원격에서 조작할 수도 있다.

또한, 열쇠를 한 번만 사용하는 유저(이벤트 방문객 등)에게는 관리자가 해제용 URL을 발행하여 유저는 그것을 터치하기만 하면 자물쇠를 열 수 있게 된다. 그 경우에 애플리케이션의 다운로드나 회원 등록 등의 절차는 필요 없으며 스마트폰 이외에도 일반 휴대전화를 통해서도 이용할 수 있다. 이 업체에서는 이렇게 사용하기 위해 몇 분이 소요되었던 타사의 '스마트 록'과 비교하여 단 5초 만에 자물쇠를 열 수 있다고 강조하고 있다.

법인 사용자를 대상으로 한 제품에는 다양한 기능을 가진 관리 화면이 달려 있어서 관리자는 이것을 보고 누가 어떤 자물쇠를 열 것인지를 설정하거나 어느 자물쇠가 언제 열렸는가 하는 정보를 실시간으로 확인할 수가 있다. 실제 열쇠가 아니라 디지털 정보를 관리하는 것이기 때문에 열쇠 분실 시의 비용을 걱정하지 않아도 된다. 또한, 열쇠를 주고받거나 잠금·해제 시에 관리자가 그 자리에 있을 필요도 없다. 이 덕분에 열쇠나 물리적인 접근 권한을 관리하는 수고를 덜 수 있게 되는 것이다.

아케룬을 개발한 포토신스의 카와세 코다이 대표는 아케룬의 개발이 '열쇠가 없다면 어떻게 될까?'라는 발상에서 출발했다고 말한다. 거기에서 시작하여 실재하는 사물을 가지고 '자물쇠의 잠김·열림' 상태를 관리하는 것이 아닌 디지털 상태를 관리한다는 발상이 탄생한 것이다. 물리적인 열쇠가 없어지게 됨으로써 아케룬이 존재하는 세상에서는 '열쇠의 전달·반납' 혹은 '잠금·해제' 행위가 유저가 가장 편리하다고 생각하는 장소에서 이루어질 수 있다.

이 장점이 최대한으로 활용될 수 있는 것이 최근에 유행하고 있는 개인 민박이나 셰어 오피스 분야이다. 두 장소 모두 방과 사무실이라는 공간을 생면부지의 타인에게 빌려주는 곳인데 그중에서 가장 큰 부담이 되는 것이 물리적인 열쇠 관리라는 부분이다. 하지만 열쇠가 디지털화된다면 열쇠를 주고받을 때에 빌리는 사람과 빌려주는 사람이 같은 공간에 있을 필요도, 빌려준 열쇠를 복제하지 않을지 걱정할 필요도 없어지게 된다.

물론 대형 호텔 체인이나 부동산 업자라면 이런 수고나 위험에 대처하는 노하우 정도는 이미 가지고 있을 것이다. 하지만 근본적으로 그 노하우가 필요 없게 된다면 개인이나 중소 사업자도 방이나 사무실을 임

   IoT 비즈니스 모델 혁명

대하는 사업에 진입할 수 있게 된다. 열쇠라고 하는 극히 작은 존재에 IoT를 결합시키는 것만으로도 업계의 모습을 변화시킬 수 있는 비즈니스를 창출해 낼 수 있는 것이다.

의학에 기반한 도시 설계

앞에서 의사의 역할을 분해하고 그것을 재분배함으로써 의학 자원을 가장 효율적으로 활용할 수 있는 방법을 모색한다는 발상에 대해서 소개한 바 있다. IoT 기술을 활용한다면 그것을 어렵지 않게 추진할 수 있을 것이다. 경우에 따라서는 의료라는 영역을 넘어서 사회 전체를 재구성할 수 있을지도 모른다.

나라현립(奈良県立) 의과대학의 이사장·학장을 겸임하고 있는 호소이 유지 교수는 '의학에 기반을 둔 도시 설계(Medicine-Based Town, MBT)'라는 개념을 제창하고 있다. 이것은 도시 설계와 주택, 정보 시스템 등과 의료를 결합시키는 개념으로서 주택 내부에서부터 도시 전체에 이르기까지 의료 행위가 다양한 형태로 환경에 반영되는 것을 검토하고 있다.

가령 환자의 집에 그들의 신체와 질병, 행동에 관한 데이터를 수집하는 기기(혈압계나 전자 청진기, 이동체 감지 센서 등)를 구비하고 통신 네트워크를 통하여 그 데이터를 한 곳으로 모이게 한다면 의사의 역할 중 하나인 '진찰'은 개인의 집에서 이루어지도록 재배치할 수 있게 된다. 또한, 이 형태라면 데이터가 일상적으로 수집되기 때문에 기존의 '진찰'에서는 파악할 수 없었던 명확한 증상이 드러나기 전부터의 데이터 수집이 가능하게 된다. 단순히 역할을 재배치할 뿐 아니라 그 질까지도 향상시킬 수 있게 되는 것이다.

의사는 과거에 비해 양과 질이 보다 향상된 데이터를 참고하여 '진단'을 실시한다. 이 역할은 의사가 수행해야 하지만, 보다 양질의 데이터가 마련되었기 때문에 더 효율적으로 적절한 진단을 내릴 수 있는 가능성이 있다.

하지만 반대로 생각해 보면 너무 많은 양의 데이터가 수집되어서 의사가 처리할 수 있는 범위를 넘어선다면 오히려 진단의 질을 떨어뜨리지 않을까 하는 우려도 생기게 된다. 이 점에 대해서는 진단의 자동화를 위한 알고리즘을 개발하여 대응하게 될 것이다. 단순한 질병이나 증상이 가벼운 단계라면 우선은 의사 대신에 기계가 '진단'할 가능성도 있다. 실제로 제2장에서 설명한 바와 같이 현재 AI(인공지능) 기술이 급속도로 발전하고 있어서 IBM이 개발한 컴퓨터 '왓슨(Watson)'을 의사를 지원하는 시스템으로 활용하는 시도도 이루어지고 있다. 이와 같은 알고리즘이나 AI를 개발하는 시도가 의사의 역할인 '연구'와 결합될 가능성도 높다. 그렇게 된다면 '연구'와 그것을 바탕으로 한 기술 개발의 거점을 어디에 둘 것인가 하는 검토도 중요해질 것이다.

그렇다면 '치료'는 어떻게 될까. 이 또한 많은 부분을 의사에게 기댈 수밖에 없겠지만, 치료 행위 중에도 여러 가지 종류가 있다. 정해진 방법대로 약을 복용하거나 재활 치료를 하는 정도라면 환자가 자신의 집에서 실시할 수 있다. 그리고 그 실시 데이터를 '진찰'의 경우와 마찬가지로 데이터가 집약되는 곳으로 보내면 된다.

실제로 이 분야에 있어서도 IoT를 활용한 다양한 솔루션이 등장하고 있다. 미국의 벤처기업인 바이탈리티가 개발한 '글로우캡(GlowCap)'은 약병의 뚜껑에 부착하는 장치로써 사전에 설정해 놓은 약의 복용 시간이 가까워져 오면 소리와 빛으로 알려준다. 그리고 뚜껑이 열렸다는 데이터를 의료기관과 공유한다. 정해진 시간에 뚜껑이 열리지 않는 상태가 계속될 경우에는 약을 복용하지 않았을 가능성이 높으므로 의사의 대응을 요청한다. 반대로 제대로 복용하고 있는 경우에도 약의 잔여량을 파악하여 부족할 경우 약국에 연락이 가도록 되어 있다. 즉 복용하는 것을 깜박하거나 약이 떨어지는 것을 막아주고 환자의 복용 상태를 파악하는 등 효과적인 관리를 해주는 것이다.

재활 치료 측면에서는 웨어러블 디바이스를 활용하여 환자가 자택에서 어느 정도 활동하고 있는지를 확인하려는 시도가 시작되고 있다. 또 자택은 아니지만 ICT의 선도적인 활용으로 잘 알려진 미국의 종합병원 메이요클리닉에서는 심장수술 후의 환자에게 핏빗의 웨어러블 디바이스를 달게 하여 수술 후의 활동 정도와 상처 회복의 상관관계를 검토하는 연구가 행해지고 있다. 그 결과 수술 후에 환자가 어느 정도 걸었는지의 데이터를 통해 퇴원 가능 시기를 예측할 수 있게 되었다는 성과를 얻었다. 즉 걸음 수와 같은 지극히 사소한 데이터를 가지고도 환자의 건강 정도를 충분히 파악할 수 있다는 것이다.

또한, MBT에서는 ICT 기술을 이용하여 환자와 가족·이웃 주민을 연결함으로써 의사 이외의 일반인들도 환자의 간호에 참여하는 방법을 구상하고 있다. 그것을 위해서 SNS(소셜 네트워크 서비스)나 넷 커뮤니티와 같은 온라인 환경뿐만 아니라 전화나 메시지, 직접 대면에 의한 방법도 고려되고 있다. 이러한 구성 요소들을 복합적으로 결합시켜 '의학'이라는 종합 목적을 중심으로 구성된 도시를 설계해 나간다는 것이다.

이와 비슷한 발상은 의학 이외의 분야에서도 검토 가능할 수 있다. 예를 들어 의료와 비슷한 분야로서 노인 간병을 들 수 있다. 노인 간병에 필요한 지식과 의욕을 가진 인력은 의사와도 맞먹는 귀중한 '자원'이라고 할 수 있다. 환자의 상태나 행동을 가능한 한 디지털화·공유하여 최대한 효율적으로 간병할 수 있도록 여러 가지 자원을 배치하는 것은 지금 당장이라도 필요한 실정이다. 교육 또한 다양한 기능으로 구성되는 분야이다. 그러한 교육 분야에서 온라인으로 고등교육을 무상 제공하려는 시도인 대규모 온라인 공개 강좌 무크(MOOCs, Messive Open Online Courses)나, 수업 전에 온라인 동영상으로 자습을 하고 수업은 그 복습의 개념으로 활용하여 지식을 정착시키는 '반전 학습' 등 예습과 학습, 복습의 형태를 재배치하고자 하는 시도가 이미 시작되고 있다. '교육에 기반을 둔 도시 설계'가 진행된다면 IoT는 그 안에서 중요한 역할을 담당하게 될 것이다.

최적의 모습을 위한 큰 관점의 필요성

끝으로 바이엘 광고에 나오는 상황이 발생한 원인을 한 가지만 더 생각해 보자. 만약 등장하는 여성들이 정보를 서로 모아 공유했다면 눈앞에 있는 것에 대하여 잘못된 결론을 내리지는 않았을 것이다. 하지만 그녀들은 처음부터 왜 자신이 가지고 있는 정보만으로 판단하려 했을까(광고상의 연출이라는 것을 배제하고).

어쩌면 그녀들은 눈앞에 있는 물체가 어느 정도의 크기인지, 즉 정보를 어디까지 모아야 하는지를 생각하려는 의식 자체가 없었을 수도 있다. 그렇다고 한다면 설령 정보를 취합하려는 의지가 있었다고 해도 정답을 얻어내지 못했을 가능성이 크다. 뿔을 만진 사람이 몸체를 만진 사람과 정보를 공유한 것에만 만족했다면 '볼더링(Bouldering : 암벽 등반의 한 장르로 로

   IoT 비즈니스 모델 혁명

프 없이 바위를 오르는 것)용 벽이다.'라는 결론을 내렸을지도 모르는 일이다.

킨사(Kinsa)의 '플루언시'서비스는 그 제품과 관련된 문제를 보다 크게 확대하는 것에 성공했다. 자신의 아이들이 체온계를 사용하는 상황에서 최종 목표는 체온을 재는 것이 아니다. 그것은 중간 목표이며 부모들이 정말로 원하는 것은 '학교에 보내도 괜찮을지'를 파악하는 것이었다. 킨사는 보다 큰 관점을 가지고 이 목표를 설정하고 정보를 통합하는 서비스를 구축하였다.

물론 기존의 체온계라면 이런 최종 목표를 달성하는 것은 힘들었을 것이다. 따라서 체온계 제조업체가 '체온을 잰다'는 행위의 다음 단계에 주목하지 못했던 것도 당연한 일이었을지 모른다. 하지만 IoT 기술의 보급으로 각 제품이 가지는 물리적인 한계를 뛰어넘을 수 있게 되었다. 앞으로는 우리의 시야에 들어오는 것 이상의 문제가 존재하고 그것을 해결할 수도 있다는 의식을 가질 필요가 있다.

프로펠러헬스의 천식용 흡입기도 마찬가지다. 각 흡입기가 할 수 있는 것은 고작해야 한 명의 환자에게 약을 공급하는 것이다. 하지만 그것을 IoT로 연결하게 되면 보다 큰 문제가 보이게 된다. 그리하여 새롭게 인식한 문제를 해결하기 위한 시스템(이 경우에는 수백 명에 이르는 환자의 발작 데이터와 그 관련 데이터를 종합하여 원인 물질을 규명하는 것)을 준비하고 보다 큰 가치를 창출하는 것이다(그림 5 참조). 이처럼 넓은 시야를 가지고 보다 큰 흐름 속에 자사 제품을 배치해 본다면 새로운 서비스의 가능성에 눈을 뜰 수 있을 것이다.

또 보다 큰 흐름이 보이게 되면 IoT를 활용하여 그것을 최적의 모습으로 보완할 수도 있게 된다. 열쇠를 IoT화하는 것에서 출발한 '아케룬'이 객실이나 사무실을 대여하는 비즈니스의 본 모습을 보다 효과적으로 변

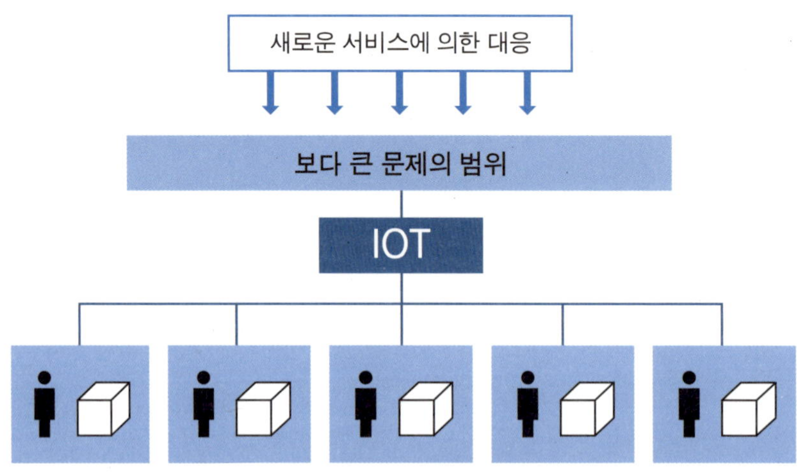

[그림 5] 각 제품의 대응 범위

화시켜 나가고 있는 것은 그 좋은 예이다.

이 경우에 중요한 점은 IoT화된 제품은 물리적인 제약을 뛰어넘을 수 있다는 사실을 인식하는 것이다. '청진기란 모름지기 의사가 병원 안에서 사용하는 것'과 같이 과거의 고정관념에 사로잡혀 있다면 의사와 환자가 떨어진 공간에 존재하며 IoT 청진기가 그들의 사이를 실시간으로 연결해 주는 장면을 상상하기 힘들 것이다. 아케룬이 '열쇠가 없다면 어떻게 될까?'라는 발상에서 비즈니스를 구축해 나간 것처럼, 물리적인 제약을 의식하지 않기 위해 'ㅇㅇ가 없다면'이라는 발상을 해 보는 것도 좋은 방법일 수 있다.

의학 분야에서의 의사라는 존재처럼 모든 분야에 있어서 업무를 추진해 나가는데 병목(bottleneck)이 되는 자원이 존재한다. 이미 그런 자원을 효율적으로 활용하는 방법이 모색되고 있지만, 그것은 어디까지나 기존 기술의 범위 안에서 고려되고 있으므로 앞으로는 훨씬 더 업무 과정을 효율화해 나갈 필요가 있다. 이런 상황 속에서 IoT는 업무상의 과정과 역할의 재분배를 통하여 획기적인 모습을 실현시킬 수 있는 방법으로서 점점 더 주목받게 될 것이다. 경우에 따라서는 '의학에 기반을 둔 도시 설계'와 같이 도시 전체를 염두에 두고 역할의 재분배를 설계하고 그 안에서 필요한 연결을 실현시키기 위해 IoT를 활용하는 경우도 점점 늘어날 것이다.

Company 02 주식회사 포토신스 Photosynth Inc.

대표이사	**코포레이트 커뮤니케이션**
카와세 코다이 씨	야마기시 레이미 씨

Q 주택의 열쇠를 스마트록으로 바꾸는 제품 '아케룬'은 설치를 위해 접착테이프를 사용하고 있지요?

야마기시 그렇습니다. 3M의 특수 접착테이프를 사용하여 문의 실내 쪽에서 자물쇠를 덮어 씌우는 형태로 설치합니다. 해외 업체의 제품은 나사를 사용하는 등 공사가 필요한 경우가 많기 때문에 테이프로 접착이 가능한 것은 아케룬의 장점 중 하나입니다. 이것은 개발자가 '집에서 사용할 수 있는 제품을 만들고 싶다'고 생각한 결과입니다. 일본은 임대를 하여 거주하는 경우가 많으므로 '간단히 설치가 가능하고, 퇴거 시에 원상 복귀가 가능한 부착 방법'이어야만 합니다. 그러한 이유에서 테이프를 사용하게 되었습니다.

커버 부분을 열면 전지가 있습니다. AA 건전지 4개를 넣게 되어 있는데 약 2년간 지속됩니다. 조작용 스마트폰 애플리케이션에 전지의 잔량 표시, 경보 기능이 있고, 전지가 얼마 남지 않았을 때 배송되는 옵션 서비스도 운영하고 있습니다. 만일 전지가 방전되었을 경우에도 집 안에서는 직접 자물쇠를 돌릴 수 있으며, 바깥에서는 일반 열쇠로 열 수가 있습니다.

열쇠의 개폐에 대하여 말씀드리자면 먼저 안쪽에서 열 경우에는 아케룬을 가볍게 누르면 모터가 움직여서 자동으로 자물쇠를 돌려 잠금이 해제됩니다. 스마트폰을 조작할 필요는 없습니다. 그리고 밖에서 문을 닫으면 센서가 그것을 감지하여 다시 모터가 움직여 잠기게 됩니다.

귀가 시에는 스마트폰의 애플리케이션으로 조작합니다. 애플리케이션을 켜면 블루투스로 아케룬에 접속하여 자물쇠의 상황을 파악합니다. 잠겨 있을 때에는 열도록 지시하면 열리게 됩니다. 권한은 주인, 손님, 관리자 등의 종류가 있는데 주인뿐 아니라 손님에게도 권한을 부여하여 일시적으로 조작하게 할 수 있습니다. 또한, 자물쇠의 개폐는 이력이 남도록 되어 있습니다.

Q 법인 대상 서비스인 '아케룬리모트'라는 제품도 출시하셨는데요.

야마기시 네, 그것은 '온라인 열쇠관리 시스템'을 실현한 제품입니다. 기존 제품은 통신에 스마트폰이 필요하기 때문에 원격에서 조작할 수 없거나 피처폰으로는 조작할 수 없다는 문제가 있었습니다. 아케룬을 자택에만 설치할 경우에는 그다지 문제가 없지만, 다수의 점포를 소유하는 법인의 경우에는 일괄적인 관리가 필요하다는 니즈가 있어서 그 문제를 해결하기 위해 신제품을 개발했습니다.

'아케룬리모트'에는 게이트웨이가 있어서 이곳을 경유하여 3G 회선으로 인터넷에 접속하게 됩니다. 관리 기능은 클라우드 서버에서 제공하므로 브라우저에서 로그인하면 어디서든지 사용할 수 있습니다. 그리고 이 화면 상에서 유저 관리와 각각의 문에 설치된 아케룬의 관리가 가능합니다. 또한, 기존의 아케룬과 마찬가지로 사용 이력 대책도 되기 때문에 누가, 언제, 어떤 문을 개폐했는지를 확인할 수 있습니다. 이것은 보안에 대한 관계가 있어서 고객들로부터 좋은 평가를 받고 있는 기능입니다.

일반 애플리케이션으로 하는 관리와 '아케룬리모트'의 가장 큰 차이점은 조직의 개념이 있다는 점과 권한의 발행 방법입니다. 조직이라는 점에서 말씀드리면 복수의 점포를 소유한 사업자가 각 점포 안에 복수의 아케룬을 설치했을 경우 그 점포 단위로 아케룬을 관리할 수 있습니다. 이 덕분에 수십에서 백 개가 넘는 아케룬을 설치했다고 하더라도 간단하게 관리할 수 있게 됩니다.

권한 면에서는 지금까지 스마트폰의 애플리케이션을 통해서 관리했던 것을 URL의 형태로도 발행할 수 있게 되었습니다. 이는 아케룬 조작 화면에 접속하기 위한 URL로서 필요하면 패스워드를 설정할 수도 있습니다. 메일 등을 통해서 상대편에게 이 URL을 보내면 받은 사람은 그것을 이용해서 문을 열 수 있게 되는 것입니다. 예를 들어 이벤트의 고객이나 숙박시설의 손님과 같이 일시적으로 그 장소에 들어가는 사람은 애플리케이션의 다운로드와 유저 등록을 할 필요가 없기 때문에 편리하지요.

Q 현재 '아케룬리모트'는 어떤 기업에서 도입하고 있나요?

야마기시 기업 측에서 점포 관리나 사무실 관리에 사용하거나 숙박시설에서 이용하는 경우가 많습니다. 또 에어비앤비 같은 민박 분야에서도 좋은 평가를 받고 있습니다. 민박의 경우, 열쇠를 주고받기 위해 담당자를 두는 것이 쉽지 않아서 아케룬을 활용하는 사례가 늘어나고 있습니다. 비슷한 예로서 공간 단기 대여업을 하는 기업체들도 관리비용 절감을 위해 활용하고 있습니다. 최근 보안에 많은 비용을 투자할 수 없는 중소기업의 사무실에 간단하게 설치할 수 있는 보안장치로써 아케룬을 도입하는 사례도 있습니다. 사무실에서 활용하는 또 하나의 사례를 소개하자면 아르바이트생을 많이 고용하고 있는 기업체에서는 '아날로그' 열쇠를 사용하면 분실되거나 열쇠를 복제당할 위험이 있기 때문에 아케룬을 사용하는 경우가 있습니다. 아케룬은 아르바이트생이 그만둘 경우에도 권한을 다시 설정하기만 하면 되니까요.

반대로 소매점 등에서 열쇠를 관리하는 권한을 매니저만이 가지고 있을 경우에 그 사람이 늦잠이나 사고 등으로 지각을 하여 아르바이트생들이 곤란해질 경우가 있습니다. 그런 경우에도 아케룬이 있다면 원격 조작으로 문을 열거나 한시적으로 아르바이트생에게 권한을 부여하는 등의 대응이 가능해집니다.

Q 아케룬은 IoT를 구체적인 제품으로 만들어 낸 성공 사례로서 큰 주목을 받고 있습니다. 그렇게 될 수 있었던 요인은 무엇이라고 생각하십니까?

카와세 IoT의 사례들을 보면 위화감을 가질 때가 있는데, 그것은 사물과 인터넷을 연결하는 것이 목적이 되어 버린 경우에 그렇습니다. 여러분들도 이 점에서 고민을 하고 계실 텐데요. 아케룬의 경우, 열쇠를 인터넷에 연결하는 것이 목적이 아니라 '열쇠를 지니고 다니지 않아도 되는 생활은 멋지지 않을까?', '물리적인 열쇠는 잃어버리면 골치 아프지.', '열쇠를 주고받는 것도 귀찮고.' 등을 생각했던 것이 출발점이었습니다. 그런 숙제를 풀 수 있는 구조를 생각하다 보니 마침 인터넷이 필요하게 되었고, 그것이 열쇠와 IoT를 결합한 제품을 개발하게 된 이유입니다. 즉, 과제를 베이스 개발을 시작한 것이 아케룬을 궤도에 올릴 수 있었던 큰 요인이었다고 생각합니다. 'IoT로 신규 사업을 시작한다'는 생각으로 뛰어들 것이 아니라, 무엇을 해결하고 싶은지를 명확히 하는 것

 IoT 비즈니스 모델 혁명

이 중요하지 않을까요.

Q IoT로 신규 사업을 하려 했던 것이 아니라, 과제를 해결하기 위해 개발한 제품이 주목을 받았다는 말씀이신가요?

카와세 그렇습니다. 아까 말씀 드렸듯이 처음에는 열쇠가 없어도 스마트폰으로 문을 열 수 있으면 편리하겠다는 생각으로 개발을 시작한 제품이었습니다. 이걸로 신규 사업을 할 생각은 전혀 없었습니다. 하지만 '별도로 부착하여 열쇠를 스마트록으로 변경할 수 있다'는 점이 좋은 평가를 얻어 우리 집에도 달고 싶다는 문의가 늘어났고, 그런 분들에게 용도를 물어 보니 '실은 이런 문제를 가진 사람들이 있다'는 것을 점차 알게 되었습니다. 그것에 대응해 가면서 기능을 조금씩 추가하게 된 것입니다.

아케룬 본체는 최소한의 기능만을 가지고 있습니다. 자물쇠를 돌려서 문을 열거나 잠그는 것, 즉 0과 1뿐입니다. 솔직히 말하자면, 이걸로 무엇을 할 수 있을지에 대해서는 별로 생각하지 않았습니다. 하지만 아케룬을 개발해 보니 호텔에서 비용 절감을 위해 사용하고 싶다거나, 자녀가 집에 돌아왔는지 확인하고 싶다거나, 부동산에서 열쇠를 관리하는 수고를 덜고 싶다거나 하는 여러 가지 과제가 생겨났습니다. 사실 그때까지는 호텔의 인건비가 그렇게 비싼지도, 부동산에서 열쇠를 관리하는지도 몰랐으니까요.

이런 과제를 해결하는 것은 아케룬의 하드웨어만이 아니라 소프트웨어입니다. 소프트웨어 측면에서 얼마나 시장의 니즈를 충족시킬 수 있는지가 중요합니다. 이러한 목적으로 사용하기 위해서는 권한 관리 메뉴에서 반드시 요일 지정이 가능해야 한다거나 시간도 지정할 필요가 있다거나 하는 시장의 니즈를 모아서 기능에 반영하는 것입니다. 하드웨어는 지극히 단순하지만 소프트웨어 측면에서는 다양한 기능을 실현해 나가고 있습니다.

Q 소프트웨어 측면에서 다양한 기능을 실현하고 있다는 말씀인데요. 한편으로 하드웨어를 개발하는 데에 어려운 점은 없었는지요?

카와세 제품 개발에 있어서도 많은 시도를 하고 있습니다. 예를 들어 모터 하나만 보더라도 무거운 자물쇠를 돌리기 위해서는 회전력이 필요합니다. 그래서 일정한 비용 안에서 회전력이 있고 소비전력도 적은 모터를 물색했습니다. 지방까지 찾아다니면서 수

많은 업체에 문의하고 몇 번이나 의뢰하여 겨우 도입하게 된 것이죠.

또 자물쇠를 돌리는 부분은 커버로 덮여 있는데 자물쇠를 열고 닫는 기능과 커버는 관계가 없습니다. 없어도 문제가 되지 않습니다. 이것을 달 것인지에 대해서 내부에서 많은 논의를 거쳤습니다. '모터로 자물쇠를 돌린다'라는 것을 알기 쉽게 하기 위해서는 커버가 없는 편이 좋다고 하는 사람도 있는 반면 '열쇠를 없애고 싶다'는 발상에서 개발한 제품이니 열쇠를 의식하지 않도록 커버를 씌워 가리는 것이 좋다고 말하는 사람도 있었습니다.

소재를 금속으로 할지 플라스틱으로 할지도 망설였던 부분입니다. 저는 처음에 애플의 매킨토시와 같은 질감의 제품을 원했습니다. 고급 브랜드로 이미지를 심기 위하여 알루미늄을 깎아 제작하는 것을 고집했습니다만 금속으로 제작하면 원가가 만 엔(한화 약 십만 원) 정도 상승하게 됩니다. 그래서 실제로는 플라스틱을 사용하면서 CD를 도장하는 기업에 의뢰하여 표면에 알루미늄의 질감을 표현했습니다. 저는 플라스틱이 금속으로 보일 수 있다는 것은 전혀 생각지도 못했지만, 샘플의 완성도를 보고 일본의 제조 기술이 대단하다는 것에 감동했습니다.

그리고 가장 고생을 했던 것이 개발 스피드였습니다. 개발 초기에 아케룬을 완성하는 데 1년 반이 걸린다는 이야기를 듣고, 제조 분야의 문외한임을 내세워 '3개월 만에 만들 수 없을까요?'라고 의뢰하기도 했습니다. 처음에는 전부 거절당하고 조언을 주시는 분도 '제조 쪽은 하지 않는 게 좋지 않겠어?'라고까지 말할 정도였습니다.

다만, 저는 IT 출신이기 때문에 하드웨어는 필요 최소한으로 출시하고, 그 이후의 개선은 소프트웨어 쪽에서 해 나가려는 생각이었습니다. AI 기능을 넣고 가전제품도 제어할 수 있게 하는 등 하고 싶은 것은 아주 많았지만 시작은 핵심 기능인 '열쇠의 스마트화'에 주력하는 것으로요. 그것이 사용자들에게 감동적인 체험이 될 것이라고 생각했습니다. 또 제품에 AI 기능을 탑재하지 않더라도 인터넷에 연결하면 동일한 일들이 가능해집니다. 그래서 공장 측에는 최소한의 것을 만들도록 의뢰하여 개발 속도를 내고, 그로부터 수정 보완해 나간다는 방침을 세웠습니다. 그 결과 제품을 반년 만에 출시할 수 있었습니다. 물론 공장 관계자분들과 저희 회사 직원들의 노력도 컸지요.

Q 아케룬이라는 사업을 지속함에 있어서 주의하고 있는 점은 있습니까?

    IoT 비즈니스 모델 혁명

카와세 제품을 출시한 지 얼마 되지 않았기 때문에 우선은 절대적으로 필요한 기능을 갖추는 것에 주력하고 있습니다. 제품의 기능에는 '머스트 해브(절대적으로 필요한 것)'와 '나이스 투 해브(있으면 좋은 것)'가 있습니다만, IoT나 스마트 하우스, HEMS(홈 에너지 매니지먼트 시스템), 빅데이터와 같은 개념은 '나이스 투 해브'가 되기 쉽습니다. '절대적으로 필요한' 존재가 되기는 쉽지 않습니다. 저희의 경우 우연히 열쇠라는 제품이 안고 있는 과제가 컸기 때문에 '머스트 해브' 기능을 실현해 낼 수 있었다고 생각합니다. 처음에는 다양한 것들에 눈을 돌리기 쉽습니다만, 굳이 그런 것에 손을 댈 필요 없이 정말로 그것이 고객의 과제를 해결할 수 있는 서비스인지 아니면 단지 자신들이 재미있다고 느끼기 때문에 개발하고 있는 것은 아닌지에 대해 주의를 기울이고 있습니다. 제품 그 자체는 고객의 가슴을 뛰게 하는 것이 중요하지만 소프트웨어는 고객의 과제를 해결해 줄 수 있는 것이 아니면 의미가 없습니다. 그 부분은 수익 창출과도 연결되므로 감동은 제품 측에서 과제 해결은 소프트웨어에서 하는 것으로 따로 분리해서 생각하고 있습니다.

Q 그렇다면 고객 지향이라는 점을 특별히 의식하고 있는 것인가요?

카와세 사용자가 어떻게 생각할지에 대해서는 항상 의식하고 있습니다. 그것은 고객이 안고 있는 과제에 주목할 뿐만 아니라 UI에 대해서도 마찬가지입니다. 일부러 IT 쪽에 친숙하지 않은 분을 초대하여 아케룬을 설치해 보게 하고 그때 어느 부분에서 막히는지를 관찰하는 개선 활동도 실시하고 있습니다.

또한, 프로모션 면에서 말씀드리면 아케룬이 단순한 아이디어 상품이 아니라 다양한 과제를 해결할 수 있는 새로운 제품이라는 점을 강조하여 기대감을 높이고 시장을 만들어 나가는 것에 힘을 쏟고 있습니다. '이런 세계관을 가진 제품이다.'라는 정보의 발신은 지속적으로 해왔습니다. 새로운 것을 창조할 때, 특히 IoT는 그런 성격이 강한 기술이라고 생각합니다만, 미래상을 제시하여 팬을 확보하는 것이 중요합니다. 아케룬은 발매하기 전부터 그런 팬들이 많이 있었습니다. 그리고 발매 후에는 그들의 기대를 저버리지 않고 오히려 넘어설 수 있도록 노력하고 있습니다.

특히 출시 당시는 제품의 운명을 좌우할 수 있는 중요한 시기였기 때문에 어떤 문제가 발생했다거나 사용법을 모르는 경우가 있다면 전 직원이 고객에게 바로 달려갔습니다. 또 사용자 모임 같은 이벤트를 개최하여 새로운 기능의 가능성도 모색했습니다. 신제품인 만큼 이노베이터, 오피니언 리더라 불리는 분들을 어느 정도까지 포함할지에 대해서도 신경을 쓰고 있습니다.

Q 제품과 그 관련 서비스를 운영하는 데 있어서 느낀 점이나 앞으로의 발전 방향은 어떠하신가요?

카와세 저희 쪽에서 예상하지 못했던 활용법이라는 점에서는 다양한 것들이 있습니다. 눈이 불편한 분들도 저희 제품을 사용하고 계신데, 기존의 열쇠를 사용할 때에는 열쇠구멍을 찾는 것이 힘들었지만 스마트폰은 '대략 이 부분을 터치하면 된다'는 것을 알 수 있게 되었습니다. 액세서빌리티 기능이 있어서 음성 지원이 가능한 기종도 있고요. 그 덕분에 아케룬으로 바꾸고 나서 정말 편리해졌다는 의견을 주시는데, 그런 사용 방법은 처음에는 전혀 예상하지 못했던 것이었습니다. 시장 규모 면에서는 작을 수도 있지만 의외의 깨달음을 느끼게 해준 사례입니다.

반응이 좋았던 분야라는 점에서는 역시 에어비앤비(Airbnb)와 같은 민박 분야를 들 수 있습니다. '빈 방을 통째로 빌려주고자 하는' 니즈는 생각 이상으로 큰 것 같습니다. 요즈음의 트렌드이기도 하겠지만, 이런 활용 방법이 이렇게 커질 줄은 생각지도 못했습니다.

앞으로의 발전 방향에 대해서 말씀드리자면 '스마트폰으로 자물쇠를 연다'는 것은 실은 '누가 어디에 있는지'를 파악할 수 있다는 것을 의미합니다. 이것은 매우 재미있는 것으로서 가령 스마트 하우스라고 하더라도 현재 파악할 수 있는 것은 '사람이 있는지 없는지' 정도입니다. 하지만 아케룬의 경우에는 '그곳에 누가 있는가?'라는 정보를 얻을 수 있으므로 있는 사람에 맞추어 제어하는 스마트 하우스를 실현시킬 수 있게 됩니다. 예를 들어 내가 집에 돌아왔을 때 먼저 불을 켜고 다음에 이 전자제품을 켜고 그다음은 이것……과 같은 순서에 따라서 그 방에 있는 사람의 행동 패턴이나 취향에 맞출 수 있게 됩니다. 귀가한 시간도 고려하여 오늘은 평상시보다 늦은 편이니까 부드러운 불빛으로 하자……와 같은 것이 가능할지도 모릅니다. 이와 같이 스마트 하우스에 커스터마이즈의 개념을 도입하는 방법으로서 아케룬을 활용할 수 있지 않을까 생각합니다.

(2015년 10월 23일 취재, 존칭 생략)

 IoT 비즈니스 모델 혁명

Chapter 4

Anything will be smarter

온갖 사물이 똑똑해진다

마법의 발찌

옛날이야기에 등장하는 마법사나 마녀는 사물이나 동물에 지혜를 불어 넣어 자신의 힘으로 움직일 수 있게 하는 마법을 곧잘 쓴다. 《신데렐라》에 나오는 마법사는 호박을 마차로 만들고 생쥐와 말을 마부로, 도마뱀을 시종으로 변신시켜 신데렐라를 성에서 열리는 무도회로 보냈다. 디즈니의 애니메이션 《미녀와 야수》에서는 자신의 의지로 스스로 움직이는 가구들이 등장했다(이것은 사람의 시종들이 가구로 변한 것이었지만). 마찬가지로 디즈니의 '판타지아'에서는 마법사의 제자가 된 미키 마우스가 빗자루를 움직여서 물을 긷게 한다.

하지만 현실 세계도 이에 지지 않는다. 현재 다양한 사물이 똑똑해져서 사람 대신에 일하고 있다.

안타깝게도 현대 사회에서는 일손이 부족한 경우가 많이 있는데, 그중에서도 심각한 것이 육아와 관련된 분야이다. 선진국에서는 저출산이 일반화되어 있기는 하지만 맞벌이 가정이 늘어나고 있기 때문에 어린아이를 돌봐줄 일손은 항상 부족하다. 같이 놀아줄 로봇까지는 아직 무리라고 하더라도 적어도 잠을 잘 때 사람이 아이의 옆에 있지 않아도 되는 방법은 없을까. '스프라우틀링(Sproutling)'이라는 발찌 형태의 기기는 그런 바람을 이루어 주는 존재이다.

이것은 아기의 발목에 달아서 사용하는 웨어러블 디바이스로서 센서를 통하여 심박수, 체온, 신체의 움직임과 방향을 파악하고 스마트폰에 그 데이터를 전송해 준다. 또 충전기에도 센서가 달려 있어 아기가 있는 방의 온도와 습도, 밝기, 소음 정도를 파악해 준다. 스마트폰에서는 전용 앱을 이용해 이 데이터를 처리하고 아기의 상태와 실내 환경을 파악할 수 있는 구조이다.

여기까지는 이미 나와 있는 유아용 센서와 크게 다르지 않다. 하지만 스프라우틀링에는 편리하고 똑똑한 기능이 있다. 그것은 '아기가 언제 깨어날지를 예상하는' 기능이다.

앱은 일련의 데이터를 축적하여 아기가 어떤 상태와 환경에서 어느 정도 잠을 자고 언제 일어나는지의 경향을 학습한다. 그것을 토대로 지금 잠들어 있는 아기가 언제 일어날지를 예측하게 된다. 이 정보를 활용하여 가령 '아기가 깰 것 같으니 방을 조금 더 어둡게 하자' 혹은 '조금 더 잘 것 같으니 먼저 세탁을 해 버리자'와 같은 대처가 가능하다.

IoT화된 제품을 '마법의 도구'에 비유하는 의견이 있다. 물론 IoT는 마법이 아니지만 옛날이야기에 나오는 마법사나 마녀와 같이 여러 가지 사물을 똑똑하게 하는 재주가 있기 때문이다. 그래서 스프라우틀링은 육아로 바쁜 아빠와 엄마를 도와주는 흡사 마법의 발찌와도 같다. 이렇듯 'IoT로 사물을 영리하게 하는' 접근법으로 새로운 비즈니스 모델이 생겨나는 모습을 알아보기로 하자.

AI 완구의 가능성

동력을 가진 비행기를 가장 처음 만든 것은 고대 그리스의 철학자인 알키타스라는 설이 있다. 기원전 425년에 그는 '비둘기'라는 이름의 기계를 고안해 냈다. 그것은 장난감 비행기였는데 증기를 동력으로 삼아 200m 정도 날 수 있었다고 한다.

이처럼 장난감에는 그때 당시의 최신 기술이 사용되는 경우가 자주 있다. 어디에 쓰면 좋을지를 아직 파악하지 못한 신기술의 실험 대상으로서 문자 그대로 '놀이'를 위한 존재인 장난감은 최적의 대상이기 때문이다. 그리고 이제 IoT와 AI라는 최신 기술을 도입한 장난감이 등장하고 있다.

20세기 컴퓨터 업계를 주도한 기업 중 하나인 IBM은 사람의 지능을 뛰어넘는 컴퓨터의 개발에 힘을 쏟아왔다. 1997년, 당시의 체스 세계챔피언인 갈리 카스파로프를 이긴 것으로 유명해진 슈퍼컴퓨터 '딥 블루'를 만든 것도 IBM이다.

그 IBM이 2009년에 개발한 것이 '왓슨'이다. 왓슨은 미국의 퀴즈 프로그램에서 사람 우승자를 이기기 위한 AI로 개발되어 그 목적을 훌륭히 달성했다. 그 이후에는 실생활에서 활용되고 있는데, 의사의 진찰 업무를 보조하고 콜센터에서의 고객 대응 업무를 보조하거나 혹은 세계 각국의 요리를 습득하여 새로운 레시피를 개발하는 등의 활동을 하고 있다.

현재 '왓슨'은 클라우드 서비스로 확장되어 있으며, IBM과 계약하면 네트워크를 경유하여 그 능력을 손에 넣을 수 있게 된다. 이를 활용하여 AI와 완구를 결합시킨 것이 '코그니토이(CogniToy)'이다.

이것은 어린아이가 안을 수 있는 크기의 플라스틱으로 만든 공룡 인형으로 마이크와 스피커 그리고 Wi-Fi 통신 기능을 탑재하고 있다. 이 공룡에게 아이가 무언가를 얘기하면 그 음성 데이터가 인터넷을 통해 왓슨에게 전송되고 거기서 의미를 해석하여 '무슨 이야기를 하는지'를 파악한다. 그리고 그에 대한 최적의 답변을 생성하고 다시 네트워크를 경유하여 코그니토이에게 데이터를 보내면 아이에게 대답을 하게 된다. 소프트뱅크의 로봇 '페퍼'와 같은 구조이다.

아이가 코그니토이와 계속 이야기를 해 나가면 그 아이가 좋아하는 것이나 싫어하는 것을 파악하고 각 아이에게 맞추어진 인격이 형성된다. 또한, 아이의 지식 수준에 맞는 내용으로 대화하는 것도 가능하다. 최신의 AI 기술과 그것을 떨어진 장소에서 이용할 수 있게 해주는 IoT 기술 덕분에 기존의 '말하는 장난감'과는 차원이 다른 능력을 가질 수 있게 된 것이다.

이 코그니토이의 아이디어는 왓슨을 활용한 서비스 아이디어 경진대회인 '왓슨 모바일 애플리케이션 개발 콘테스트'의 참가자가 고안해 낸 것으로 그 대회에서 당당히 대상을 수상했다. 그 후에 엘레멘탈패스라는 회사에서 정식으로 제작하고 현재 예약 주문을 받고 있다. 코그니토이의 가격은 약 120달러(약 15만 원) 정도인데 예전 같으면 대학교 연구실에나 있을 법한 기계를 누구나 손에 넣을 수 있는 시대가 도래하고 있는 것이다.

AI 기술을 탑재한 완구는 코그니토이만이 아니다. 미국 마텔사(社)의 유명 브랜드인 '바비'도 같은 형태로 개발이 진행되고 있다.

마텔이 2015년 11월에 새롭게 선보인 '헬로 바비'는 그 외모는 우리에게 친숙한 바비인형이지만 목걸이 부분에 마이크가 내장되어 있다. 그 이외에는 코그니토이와 동일한데 아이가 바비인형에게 말을 걸면 네트워크를 통해 클라우드 서버상의 AI에 접속하여 적절한 답변을 하게 되는 구조이다.

다만, 헬로 바비의 AI는 왓슨이 아니라 샌프란시스코에 거점을 둔 토이토크라는 기업이 개발한 것이다. 아이의 말에 처음부터 답변을 생성해 나가는 것이 아니라 이미 준비되어 있는(성우가 자연스럽게 녹음한) 목소리 중에서 가장 적절한 것을 선택하는 형태이다. 마텔은 2015년 9월에 헬로 바비를 소개하며 가능한 답변의 수를 발표했는데, 그 수는 약 7,000패턴 정도이다. 헬로 바비 또한, 대화를 통해 아이의 개성을 학습하여 그에 맞는 대답

 IoT 비즈니스 모델 혁명

을 할 수 있게 된다고 한다.

가격은 약 75달러(약 9만 원)에 판매되고 있으며 코그니토이보다도 훨씬 저렴하다.

최신 기술을 이용하여 '대화할 수 있는 장난감'을 만들어 내려는 노력은 오래전부터 있었다. 토머스 에디슨도 1877년에 발명한 축음기를 상용화하기 위한 아이디어로서 인형이 말을 하거나 노래를 하는 기능을 구현하기 위하여 축음기를 활용할 수 있지 않을까라는 메모를 남겼다. 인형 내부에 축음기를 집어넣는 것에는 한계가 있지만 IoT와 AI를 결합시킨다면 무한한 가능성이 펼쳐지게 될 것이다.

실제로 2015년 5월에는 구글이 '센서와 카메라, 마이크, 스피커를 장착하고 인터넷에 접속할 수 있는 인형'에 대한 아이디어의 특허를 신청했는데, 여기에서 구글은 이 인형이 가정 내의 전자기기를 제어하는 디바이스가 될 가능성을 시사하고 있다. 또한, 2015년에 치바 현의 마쿠하리 메세(일본 치바 현에 위치한 대형 회의, 전시시설)에서 개최된 전자통신박람회 CEATEC에서는 샤프가 '코미로보'라는 이름을 가진 사람과 음성으로 대화할 수 있는 눈사람 모양의 로봇을 선보였다. 이 로봇은 다른 곳에 있는 코미로보와도 연동할 수 있다. 예를 들어, 멀리 떨어진 곳에 살고 있는 할머니와 나눈 대화 내용을 바탕으로 '오늘 저녁 할머니의 저녁 메뉴는……'과 같은 이야기를 할 수 있다. 샤프는 이를 통하여 먼 곳의 가족과도 자연스러운 대화를 할 수 있을 것으로 기대하고 있다.

IoT와 AI에 의하여 실현되는 생활의 모습으로서 '여러 가지 전자제품이 연결되고 사람의 감정을 이해하여 전자동으로 쾌적한 공간을 만들어 내는 스마트 홈'과 같은 거창한 미래상을 그려보는 것은 어렵지 않다. 하지만 갑자기 그렇게 심각한 이야기를 듣게 된다면 혼란을 느끼는 사람이 많지 않을까. 그보다는 일단 '장난감'을 통해 생활 속에 조금씩 녹아들면서 차츰차츰 역할을 늘려가는 편이 실현 가능성을 높일 수도 있을 것이다.

생물은 유전자라는 메커니즘을 통하여 수십억 년의 세월을 거쳐서 진화해 왔다. 그것이 얼마나 강력한 것인지는 주위를 둘러보면 알 수 있을 것이다. 누군가가 디자인한 것도 아닌데 생물은 눈과 귀, 코 혹은 꼬리와 날개에 이르기까지 복잡한 기관을 가지고 있다.

이 구조를 소프트웨어에서 재현해 낸 것이 '유전자 알고리즘'이다. 이미 수많은 제품과 서비스에 도입되어 성능을 자동으로 향상시키는 역할을 하고 있다. 이 유전자 알고리즘과 IoT를 결합시켜 의외의 분야에서 혁신을 일으키려는 움직임이 있다. 그것은 버스정류장 등에 설치된 소형 간판 광고이다.

광고대행사 M&C 사치(Saatchi)는 유전자 알고리즘을 도입한 간판 광고를 개발하여 런던의 거리에 설치했다. 이것은 디지털 사이니지(공공장소에서 특정한 정보를 제공하는 디지털 영상 장치)에 표시되는 전자 광고로서 자유자재로 표시 내용을 바꿀 수 있다. 또한, 기기에는 카메라가 내장되어 있어서 그 앞에 선 보행자를 촬영한다. 최대 12명의 인물 표정(웃는 얼굴인지, 찡그린 얼굴인지 등)을 분석하여 어떤 감정을 느끼고 있는지 파악할 수도 있다. 이러한 기능을 활용하여 화면에 조금씩 다른 내용을 내보내고, 그 반응에 따라 스스로 진화하는 광고를 실현시킨 것이다. 말하자면 '스마트 간판

　　　　　　　　　　　　IoT 비즈니스 모델 혁명

광고'라고나 할까.

이번에 소개하는 것은 바히오라는 커피 브랜드의 광고이다. 이 광고는 광고 카피나 글자의 모양, 이미지, 레이아웃 등 다양한 요소로 구성되어 있다. 이와 같은 구성 요소를 조금씩 바꾼 버전을 나타낸 것으로써 '세대' 별로 22개의 버전이 자동으로 생성된다. 이것을 랜덤으로 나타내어 보행자들의 반응을 분석한다. 반응이 나쁜 버전은 그 세대에서 멈추게 되지만 반응이 좋은 버전은 다음에 만들어질 세대의 기초로 활용된다. 그리고 '돌연변이'를 추가하여 새로운 22개의 버전을 생성하는 것이다.

실제 광고에서는 몇 세대를 거친 후, '광고 카피가 짧아지고', '하트 이미지가 자주 등장하는'는 경향이 생겨났다고 한다.

이미 웹 디자인 업계에서는 디테일을 미묘하게 변경한 버전을 준비하여 사이트 방문자의 반응을 관찰하는 시도를 하고 있다. 그러한 버전을 자동으로 생성하여 페이지뷰나 체재 시간 등의 반응까지 관리해 주는 소프트웨어도 있을 정도이다. 앞에서 소개한 간판 광고는 이것을 현실 세계로 가져다 놓은 것이라고 할 수 있을 것이다. '클릭한다', '페이지를 닫는다' 등과 같은 웹 브라우저 상의 행동 대신에 '웃음을 짓는다', '잠시 광고 앞에 멈춰 선다'와 같은 현실 세계의 행동을 카메라로 파악하고 그것을 피드백시켜 스스로를 개선해 나가는 것이다.

M&C 사치의 수석 이노베이션 오피서인 데이빗 콕스는 보도자료를 통해 다음과 같은 말을 했다.

"이 혁신은 광고업계의 신천지를 개척하는 것이 될 것이다. 사람이 '이렇게 하면 잘될 거야.'라고 판단해 버리는 것이 아니라, 실제로 잘된 결과를 기초로 하여 광고가 스스로를 변화시킬 수 있게 되는 것이다. 그렇다고 해서 광고 크리에이티브 담당자의 역할이 축소된다는 의미는 아니다. 광고업계에 있어서 테크놀로지의 역할이 보다 커진다는 의미이다."

데이빗 콕스는 이렇게 말하지만 사람의 역할이 축소되는 일은 정말로 일어나지 않을까. 어느 정도의 내용을 부여하고 그로부터 광고가 스스로 진화해 나간다면 경험이 별로 없는 크리에이티브 담당자에게 일을 맡기는 것도 가능해지지 않을까. '크리에이티브의 달인'이 존재하지 않더라도 지구상의 생물처럼 스스로 고도의 진화를 해나갈 것이다.

"아니, 거기까지 도달하기 위해 수억 년이 걸린다면 의미가 없어. 게다가 '얼마만큼의 내용'이 어느 정도인지를 이해하고, 물고기를 땅 위에 던져서 진화하기만을 기다리는 잘못을 막기 위해서라도 전문적인 지식이 요구되는 게 아닌가."라는 의견도 있을 것이다. 또, 그 알고리즘에 의하여 탄생한 광고가 정말로 상품의 구매나 서비스 이용 등의 결과로 이어졌는지 현시점에서는 알 수 없다. '진화하는 간판 광고'라는 기술 자체가 앞으로 시간을 두고 진화해 나가지 않으면 안 될 것이다.

그러나 한편으로 유전자 알고리즘을 응용하여 광고를 진화시키는 방법에는 지금까지는 없었던 장점도 존재한다. 가령, 지역별로 주민들의 취향 차이가 존재하는 도시라면 각각의 광고가 그에 맞춘 내용으로 진화하는 것을 기대할 수 있다. 다윈이 갈라파고스 제도라는 좁은 지역에서 14종류의 핀치새(갈로파고스핀치아과 조류의 총칭)를 발견한 것처럼 무수한 버전으로 진화할지도 모른다. 또 어느 정도 장기적으로 설치해야 하는 광고라면 진화를 거듭함으로써 보는 사람으로 하여금 질리지 않게 할 수 있을 것이다. 게다가 그런 작업을 인건비 등의 비용 부담 없이 할 수 있게 된다.

이런 장점이 현실화되고 그것이 널리 이해된다면 동일한 시스템이 다른 분야에 응용될지도 모른다. 가령 앞서 소개한 대화하는 로봇 기술을 활용하여 소매점의 판매원 역할을 맡길 수도 있을 것이다. 그 로봇 판매원은 고객의 얼굴을 기억하고 고객 한 사람 한 사람의 구매 경향을 이해하며 그들이 '자신도 모르게 사고 싶어지는 대화의 포인트'를 유전자 알고리즘으로 생성하여 적절한 구매 권유 메시지를 건넬 수 있을 것이다.

아직 실험 수준이기는 하지만 미국 카네기멜론 대학의 연구팀이 개발한 '스낵봇(Snackbot)'이라는 자력으로 움직이는 로봇은 스낵을 담은 쟁반을 가지고 사무실을 돌아다니며 직원들과 대화를 나누면서 간식(스낵)을 전달하는데, 그때 어느 직원이 어떤 간식을 좋아했는지 등의 경향을 파악할 수도 있다. 사람의 미묘한 심리를 파악한다는 사람에게 남겨진 최후의 영역 중 하나조차도 IoT와 AI에 의하여 대체될 수 있다고 보아도 좋을 것이다.

마법사의 수정구슬, IoT

앞에서 IoT 제품을 마법의 도구에 비유하는 경우가 있다고 말한 바 있지만, 사물에 생명력을 불어넣는 마법 못지않게 자주 등장하는 것이 미래를 예언하는 마법이 아닐까. 마법사나 마녀는 수정구슬을 꺼내고는 그곳에 미래의 광경을 비춰 내어 앞으로 어떻게 해야 할지를 판단한다. 물론 거기까지는 무리라고 하더라도 IoT 제품 또한 다양한 형태로 미래를 예측할 수 있게 되어 그에 기반을 둔 비즈니스가 구축되고 있다.

서모스탯(Thermostat, 자동온도조절장치)이라는 제품이 있다. 우리에게는 그다지 익숙하지 않지만 미국 등에서는 어느 집에나 있는 일반적인 장치이다. 일본에서는 방 안을 쾌적한 온도로 유지하기 위해서 각 방에 에어컨을 설치하는 것이 일반적이지만, 서양의 주택에서는 건물 한편에 온·냉방기를 설치하고 그곳에서 따뜻하거나 차가운 공기를 건물 전체에 보내는 방법이 주로 사용되고 있다. 그때 온도를 조절하는 컨트롤러의 역할을 하는 것이 서모스탯이다. 이것은 몇 개의 다이얼과 레버 등이 달린 간단한 장치로서 이것을 조작하여 실내 온도를 설정하면 공조와 온·냉방기를 제어하여 실내 온도를 조절해 준다.

서모스탯은 오랜 기간 동안 '어디서나 볼 수 있고 별다를 게 없는 것'의 상징처럼 여겨져 왔지만 그것과 IoT를 결합시켜 '스마트 서모스탯'이라는 새로운 가치를 창출하고자 하는 기업이 등장했다. 그것은 미국의 네스트랩(Nest Labs)이다.

네스트랩은 'iPod의 아버지'라고도 불리는 애플 출신의 토니 파델 외 몇 명이 창업한 회사로서 마치 애플 제품처럼 심플하고 세련된 디자인의 서모스탯을 출시했다. 대단한 것은 외형뿐만이 아니다. '러닝(학습하는) 서모스탯'이라는 이름답게 이 제품은 스스로가 어떻게 사용되고 있는지를 학습하여 사용자의 행동을 예측하는 기능을 가지고 있다.

네스트랩의 서모스탯을 설치하고 사용하기만 하면 언제, 어떻게 설정을 했는지, 그 설정은 어떤 경우에 변경되었는지 등의 로그 데이터가 축적된다. 서모스탯은 그 데이터를 기초로 하여 '이 가정에서는 평일 낮에 공조를 꺼 놓는 경우가 많다.', '휴일 아침은 설정 온도를 오랫동안 높게 유지한다.' 등과 같은 경향을 파악하여 점차 똑똑해진다. 그리고 그 경향에 맞추어 자동으로 온도를 관리하게 되는 것이다. 이런 방법으로 사용자의 수고를 덜어줄 뿐만 아니라 불필요한 가동을 막아 주기 때문에 에너지 절약 효과도 있어서 전기세나 가스비를 평균 20%나 절약할 수 있다고 홍보하고 있다. 네스트랩의 서모스탯은 기존의 서모스탯에 비하여 비

　　　　　　　　　　IoT 비즈니스 모델 혁명

싸기는 하지만, 이와 같이 온·냉방비를 절감할 수 있다면(그리고 사용하면 할수록 똑똑해진다면) 장기간 사용할수록 큰 가치가 창출될 수 있을 것이다.

또 '전구에서 스위치를 없애는' 것처럼 다른 제품과의 연동을 통해 사람과의 인터페이스를 최대한 줄이려는 노력도 하고 있다. 예를 들어 메르세데스 벤츠 차량과 정보를 주고받아 차량의 GPS 위치 정보로 귀가 시간을 예측하고 그에 맞추어 실내 온도를 자동으로 조절하는 방법이다.

네스트는 구글의 벤처캐피탈 부문인 구글 벤처스 등에서 투자를 받아 사업을 진행하고 있었지만 2014년에는 32억 달러(약 3조 8,000억 원)라는 높은 금액으로 구글에 인수되어 그 산하에 들어갔다. 그 이후 화재경보기 '네스트 프로텍트'를 개발하는 등 제품의 라인업을 넓혀 나가고 있다. 구글은 네스트를 가전기기 제어의 중심 역할을 하는 기기로 발전시키려 한다는 추측도 나오고 있는 만큼 서모스탯을 넘어서는 혁신을 일으킬 가능성이 있다.

미래를 예측할 뿐만 아니라 그 예측을 기반으로 한 어드바이스를 판매하는 사업을 추진하는 회사도 있다. 인더스트리얼 인터넷을 제창하는 GE이다.

GE는 다양한 분야에서 IoT 도입을 추진하고 있는데 여객기용 제트엔진도 그 대상 중 하나이다. 제트엔진은 매우 복잡하고 대형 기계인 데다가 수많은 승객의 목숨을 담보로 하는 여객기에 사용되기 때문에 그것을 안전하게 유지하기 위하여 만전을 기해야 한다. 이에 GE는 기기 안에 무수한 센서를 부착하여 이동 중의 엔진에 관한 대량의 데이터를 수집·분석하고 작은 이상이라도 신속히 발견하려 하고 있다. 이미 약 3만 개 이상의 제트엔진에 이와 같은 모니터링을 실시하고 있다고 한다.

대량의 데이터에서 파악할 수 있는 것은 지금 발생한 오류만이 아니다.

앞으로 발생할 오류도 예측하여 사전에 부품 교환 등의 조치를 취할 수 있게 해준다. 그 덕분에 중대 사고의 발생을 피할 수 있을 뿐 아니라 계획적으로 유지 보수를 실시하여 여객기가 지상에 머무는 시간을 최소화하고 가동률을 높일 수 있다는 장점도 있다. 항공사에 있어서 비행기가 뜨지 못하는 시간은 손실로 이어질 수밖에 없다. 그것을 피할 수 있게 해주는 미래 예측은 구체적인 금전적 가치와 직결되어 있는 것이다.

이와 같은 개념은 예방 보전 혹은 예측 보전이라고도 하며, 제트엔진 등의 교통 분야 이외에도 공장 안의 제작 기계나 건물 엘리베이터, 전력 인프라 등의 분야에서 IoT와 결합하려는 움직임이 시작되고 있다. 실제로 인텔은 IoT와 데이터 해석 기술을 결합시켜 제조 설비에 관한 예방 분석을 실시하는 것만으로도 연간 900만 달러의 비용 절감 효과가 있을 것으로 계산하고 있다.

또 GE는 예측에 기반을 둔 엔진의 유지 보수 계획을 어드바이스할 뿐만 아니라 항공사에게 비행 업무 자체의 최적화를 위한 어드바이스 제공에 적극적으로 나서고 있다. 연비를 높이고 제트엔진의 수명을 연장시킬 수 있는 여객기 운용 방법을 제안하고 있는 것이다. 이처럼 미래 예측을 활용하게 되면 IoT 제품 자체만이 아니라 그것을 사용하는 업무의 형태까지도 제안할 수 있게 된다.

계속 똑똑해지는 사물들

지금까지 '사물을 똑똑하게 한다'는 관점에서의 비즈니스 모델을 살펴보았는데, 그것은 한 번의 설치로 끝나는 문제는 아니다. IoT를 활용하여

 IoT 비즈니스 모델 혁명

클라우드 서버에 '두뇌'를 마련한다는 것은 사물의 물리적인 크기를 축
소시킬 수 있다는 것 이상의 가치가 있다. 그것은 사물이 계속해서 진화
해 나갈 수 있다는 점이다.

일반적으로 사물의 가치는 제조사의 손을 떠나는 시점부터 급격히
감소하기 시작한다. 자동차가 그 전형적인 예이다. 신차를 구매한 경험
이 있는 독자라면 조금밖에 타지 않은 자신의 애마를 중고차로 판매하
려 할 때 구매가의 몇 분의 일로 떨어지는 것을 경험한 적이 있을 것이
다. 물론 신차의 기능이 단기간에 저하되는 것은 아니다. 하지만 제조
사의 손을 떠나는 시점에 그 사물에 대하여 가치를 부가할 수 없게 된
다(물론 예외적으로 구매한 것을 개조하여 그 부가가치를 높이는 경우도 존재한다). 한편,
그 사물보다 나중에 발매되는 사물은 최신 기술과 소비자의 요구를 반
영하게 되므로 기본적으로는 보다 큰 가치를 가지게 마련이다. 따라서
상대적인 의미에서 생각해 보아도 이전에 발매된 사물일수록 가치는
낮아질 수밖에 없다.

하지만 IoT의 경우 제품의 가치는 물리적 본체뿐만 아니라 네트워크
를 통해 그것에 연결되어 있는 소프트웨어에서도 창출된다. 그리고 네
트워크에 있는 디지털 '두뇌'는 지속적으로 개선될 수 있다.

클라우드 서버의 소프트웨어 성능 향상 이외에도 IoT 제품의 가치를
유지해주는 요인이 두 가지 있다. 그것은 사물 쪽에 심어진 소프트웨어
의 업데이트와 데이터의 축적이다.

스마트폰과 애플리케이션의 시대가 도래한 덕분에 '인터넷을 통하여
소프트웨어를 업데이트한다'는 개념은 지극히 당연한 것이 되었다. 아
침에 일어나 보니 애플리케이션이 자동으로 갱신되고 신기능이 추가되
어 있는 것 등은 이제 흔한 일이다. OS조차도 CD-ROM과 같은 물리적

인 매체를 통하지 않고 네트워크를 경유하여 배포되는 시대인 것이다.

그렇다고 한다면 IoT 제품도 인터넷을 통해서 업데이트한다고 해도 이상하지 않을 것이다. 정확하게 말하자면 '물리적 본체 + 네트워크상의 소프트웨어'로 구성되어 가치를 창출하는 IoT 제품의 본체 쪽에서 동작 제어를 담당하고 있는 소프트웨어의 갱신을 네트워크를 통하여 행한다는 발상이다. 이런 방법은 이미 수많은 IoT 제품에서 활용되고 있는데, 가장 상징적인 사례로써 테슬라의 전기자동차(EV)를 들 수 있다.

테슬라는 이미 제조·출고되어서 고객의 손에 넘겨진 차량의 내장 소프트웨어에 대해서도 네트워크를 경유하여 업데이트할 수 있는 시스템을 구축했다. 그 예로써 2015년 10월에는 일부 모델을 대상으로 자동 운전 기능을 추가한 바 있다. 이는 구글의 로봇카처럼 완전한 자동 운전을 실현시켜 주는 것은 아니지만, 차량에 내장된 센서에서 얻어진 데이터를 분석하여 운전자 대신 운전과 차체를 제어해 준다. 예를 들면 차선을 인식하여 그 차선에서 벗어나지 않도록 해 주는 것 등이 있다. 미국에서는 이 기능을 사용하여 캘리포니아에서 뉴욕까지 2,994마일(약 4,800km)의 거리를 57시간 48분 만에 주파하고 운전 시간 중 96%를 자동 운전에 성공했다는 사람들도 나오고 있다. 그 정도의 기능을 차체의 교환 없이 마치 스마트폰의 OS를 갱신하듯이 네트워크를 경유하여 손에 넣을 수 있다는 것이다.

또한, 테슬라는 리콜에 대해서도 네트워크를 경유하여 대응하는 대담한 대처 방법을 보여주고 있다. 2013년 테슬라 차량에서 화재 사고가 발생했다. 고속 주행 중 차체 아랫부분에 탑재된 전지에 도로의 돌출물이 부딪힌 것이 원인이었다. 일반적인 경우라면 차량을 회수하여 물리적으로 수리를 하는 것이 당연하겠지만 테슬라는 2014년 1월에 네트워크를

　　　　　　　　　　　　　　　IoT 비즈니스 모델 혁명

통하여 고속 주행 시에 차체를 낮추지 못하도록 하는 내용의 소프트웨어 업데이트를 실시했다. 희망자에게는 물리적인 수리를 해주는 대응책도 마련했지만 테슬라는 이로 인하여 차량의 회수·수리에 소요되는 비용을 크게 절감할 수 있었다. 참고로 이 업데이트 대상 차량은 약 3만 대. 물리적인 회수를 진행했더라면 회사의 이익에 크나큰 악영향을 끼쳤을 것임이 틀림없다.

데이터 축적에 의한 지속적인 가치 향상에 대해서는 앞서 소개한 '말하는 인형'에서도 잠깐 언급한 바 있다. 아이와의 대화 내용을 데이터로 축적하고 그 아이의 개성과 지성을 파악하여 각 유저에 맞는 대화 패턴, 즉 '개성'을 인형에게 부여할 수 있다. 그런 개성을 가진 인형은 아이들에게 있어서 대체할 수 없는 존재가 되어 갈 것이다. 만약 새로운 바비인형이 출시된다고 하더라도 이미 '나를 잘 이해해주고 있는 존재'로서 아이는 기존의 인형을 고수할지도 모른다.

또한, 한 명의 유저(사용자)로부터 수집한 정보를 그 개인을 대상으로 한 커스터마이즈에 이용하는 것 이외에도 유저 전원에게서 수집한 데이터를 통합하여 빅데이터로 이용함으로써 기능 전체의 향상을 꾀할 수도 있다.

가령 앞서 소개한 소프트뱅크의 로봇 '페퍼'는 유저와 나눈 대화의 음성 데이터와 대화 중의 표정(카메라를 통해 인식) 데이터, 그리고 언제, 어느 정도 길이의 대화가 이루어졌는지의 로그 데이터를 수집하여 그것을 클라우드 서버상에 축적한다. 대량의 데이터를 모아서 그것을 참고함으로써 페퍼의 커뮤니케이션 능력을 향상시킬 수 있도록 하는 것이다. 유저들의 입장에서는 페퍼가 자신의 성격이나 과거의 대화를 기억해 줄 뿐 아니라 대화의 질 자체도 개선되어 간다는 장점이 있다. 이 경우, 어떤 유저가 대화를 많이 하지 않는다고 해도 다른 수많은 유저가 사용함으로써 대화를 하지 않은 유저도 능력 향상의 혜택을 누릴 수 있게 된다. 반대로 제조사는 가능하다면 빠른 속도로 그 능력이 개선될 수 있도록(가격을 최대한 낮게 설정하는 방법 등으로) 가능한 한 많은 제품이 실제 유저에게 사용될 수 있도록 노력할 필요가 있다.

소프트웨어 갱신에 의한 지속적인 기능 개선과 축적된 데이터를 기반으로 한 보다 큰 가치의 창출은 지금까지 소프트웨어 업계의 벤처기업들이 잘 활용해 왔던 방법이다. 이미 구매이 완료되어 자신의 손에 들어온 제품이라 하더라도 지속적으로 진화해 나갈 수 있다는 생각이 소비자에게 정착된다면 '필요 최소한의 기능을 가진 제품을 보다 빨리 출시하여 그것을 개선해 나가면서 수익을 창출한다'는 비즈니스 모델이 더욱 더 받아들여지기 쉬워질 것이다.

'계속 똑똑해지는 사물'로 어떻게 수익을 창출할 것인가?

IoT를 통해서 사물의 성능이 계속 향상되고, 그 가치가 유지된다는 것은 유저에게 있어서는 대단히 좋은 점이다. 하지만 기업 입장에서 보면 좋은 것만은 아니다. 수익 창출의 기회 감소라는 곤란한 사태에 직면하는 경우도 예상할 수 있다.

[그림 6]이 보여주고 있는 것은 기존의 사물과 IoT 사물 간에 가치의 추이와 수익 기회에 어떤 차이가 있는지의 개념을 정리한 것이다. 우선 기존의 사물은 기본적으로 모든 가치가 제조 시점에 창출되고, 판매 시점에 제조사의 손을 떠난 후에는 그 가치는 계속 감소하기만 한다. 예외적으로 유지 보수의 형태로 가치를 유지하고자 하는 시도도 있지만 그 효

　　　　　　　　　　　　　　　　IoT 비즈니스 모델 혁명

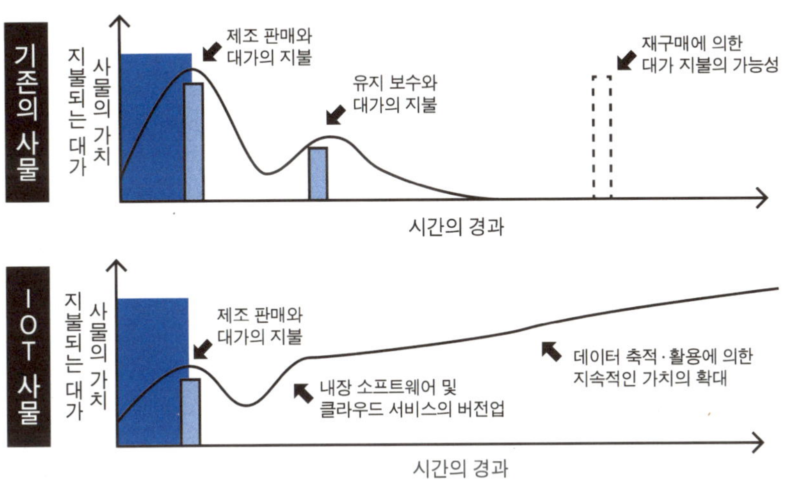

[그림 6] 기존의 사물과 IoT 사물

과는 잘해 봐야 현상 유지, 일시적인 것에 지나지 않는다. 그리고 시간이 지나면 폐기를 피할 수는 없다.

이러한 사물이 있을 경우 기업은 어느 시점에서 수익을 창출할 것인가. 당연한 것이지만 우선은 판매 시점에 그 사물이 가진 모든 가치의 대가를 받는 것으로 생각할 수 있다. 이것은 제조사나 소비자 모두 이해하기 쉬운 가치의 교환이며 서로가 납득할 수 있는 방법일 것이다.

그다음으로 생각해 볼 수 있는 것은 유지 보수 행위에 대한 대가를 징수하는 것이다. 이것 또한 '무엇에 대한 대가인가?'라는 관계성을 파악하기 쉽기 때문에 비교적 단순하지만 '어느 정도가 적당한가?'에 대한 답은 나오기 어렵다. 유지 보수에 의하여 회복된 가치는 어느 정도인지, 그 가치는 얼마나 지속되는지(즉, 다음 보수 시점까지 얼마나 유지될지)와 같은 점들을 정확하게 측정하기가 어렵기 때문이다.

이 두 가지가 주된 수익 기회라고 할 수 있겠지만 일반적인 사물의 경우에는 또 한 가지의 기회가 존재한다. 그것은 재구매 수요를 확보하는 것이다. 물론 소비자가 타사 제품으로 갈아타 버릴 경우에는 이 수익 기회는 사라져 버리지만, 일반적으로 재구매 수요를 확보하는 것은 신규 고객 확보에 비하여 비용이 적게 든다. 이미 고객 데이터를 보유하고 있기에 그들이 재구매 시점에 돌입했다는 것도 파악하고 있기 때문이다. 그때 할인이나 혜택 등을 제공한다면 이익이 조금 줄어들더라도 재구매 시점에 안정적으로 수익을 올릴 수 있는 경우가 많다.

그렇다면 IoT 사물의 가치를 유지·향상시키는 경우는 어떻게 될까. 우선 판매 시점에 대가를 받는 것은 동일하다. 다만, IoT 제품의 가치는 물리적인 사물(본체와 가동부)과 그 안에 내장된 소프트웨어, 그리고 네트워크상에 있는 소프트웨어의 조합에 의하여 창출되며 소프트웨어는 단계적으로 성능이 향상되어 간다. 따라서 이전보다도 그 가치가 저평가되고 그만큼 판매 가격도 낮게 책정될 가능성이 있다.

특히 전략상의 이유로 제품의 완성도보다는 보다 빠른 출시를 우선시하거나 일부러 본체 가격을 낮추어 신흥국가나 개발도상국 등에 보급하는 것을 계획하고 있는 경우라면 더욱 그러하다. 그것을 본 기존 업체가 '저런 장난감 따위'라며 무시하고 미래의 라이벌을 간과하게 되는 경우도 있다.

그 이후에 사물의 가치는 점차 낮아지게 되지만 테슬라의 사례에서 볼 수 있듯이 '소프트웨어의 버전 업' 형태로 가치 하락을 막거나 오히려 가치를 끌어올릴 수도 있다. 다만, 이를 위해 대가를 받을 수 있을지는 애매한 부분이다. 현재 소프트웨어 업계에서는 네트워크를 통한 버전 업을 무료로 진행하는 경우가 많기 때문이다. 물론 통신 비용은 들지만 '버전 업은 무료'라는 인식이 유저 쪽에 정착되어 있기 때문에 그 대

IoT 비즈니스 모델 혁명

가를 요구하기는 쉽지 않다. 또 갱신에 대한 대가를 받는다고 해도 '본체+소프트웨어'로 그 가치가 책정된 경우 소프트웨어 부분에 어느 정도의 금액을 청구하는 것이 타당할지는 파악하기 어렵다. 따라서 버전 업의 대가를 책정할 때마다 요금 설정에 어려움을 겪게 될 것이다.

그 이후에 IoT 제품은 데이터의 축적·분석·활용에 의하여 지속적으로 그 가치를 키워나간다. 그렇다고 그 대가를 찔끔찔끔 청구할 수 있을까? 이 부분도 매우 어려운 문제이다. 지금 스프라우틀링을 이용하고 있다고 가정하고, '아기가 깨는 시간을 예측하는 정밀도가 10% 향상되었습니다! 이에 1달러를 추가로 받도록 하겠습니다.'와 같은 통지를 받는다고 해서 고객이 그 대가를 순순히 지급해 줄 것인가? 정말로 예측 정밀도가 향상되었다고 해도 10%의 향상이 어느 정도의 가치를 창출하는지 그 가치에 대하여 1달러를 지급하는 것이 적당한지는 그 누구도 판단할 수 없다. 따라서 지급하는 유저도 극히 한정된 수에 지나지 않을 것이다.

더 문제가 되는 것은 재구매 수요가 발생하지 않거나 발생한다 해도 기존 제품과 비교하여 훨씬 나중에 발생한다는 점이다. 반복해서 설명한 바와 같이 IoT 제품은 가치가 지속적으로 추가되기 때문에 한 번 구매한 제품은 오랜 기간에 걸쳐서 사용하게 된다. 따라서 그만큼 재구매에 의한 수익을 창출할 수 있는 기회가 감소하게 되는 것이다.

예전에 여러 제품에서 '계획적 진부화'라는 방법이 활용되었다. 진부화, 즉 사물의 가치가 낮아져서 재구매 수요가 늘어나게 되는 상황을 의도적으로 만들어 내는 것이다. 가령, 자동차의 경우 수년 주기로 모델 체인지를 반복하여 아직 충분히 탈 수 있는 차를 '유행에 뒤처지는' 차로 진부화시켜 재구매를 촉진시켜 왔다. 물론 이런 방법을 IoT 세상에서 사용할 수 없는 것은 아니다. 하지만 이제 사물의 가치가 지속될 수 있게 되었는데 일부러 그 가치를 깎아내리는 접근은 유저들에게 받아들여지지 않을 가능성이 높다. IoT 시대에 맞는 새로운 수익 모델이 필요한 시점이다.

요즈음 많은 IoT 제품에 사용되고 있는 것은 '프리미엄 서비스'라는 전략이다. 제품의 기본적인 기능은 무료 또는 본체 가격만 지급하면 사용할 수 있다. 하지만 고도의 기능 특히 장기간에 걸쳐 데이터를 축적하고 그것을 분석함으로써 실현되는 기능은 추가 요금을 지급하여 사용하는 구조이다. 이 추가 요금은 월 단위 혹은 연 단위로 하여 정기적으로 징수하는 형태가 많다. 개념을 정리해 보면 [그림 7]과 같다.

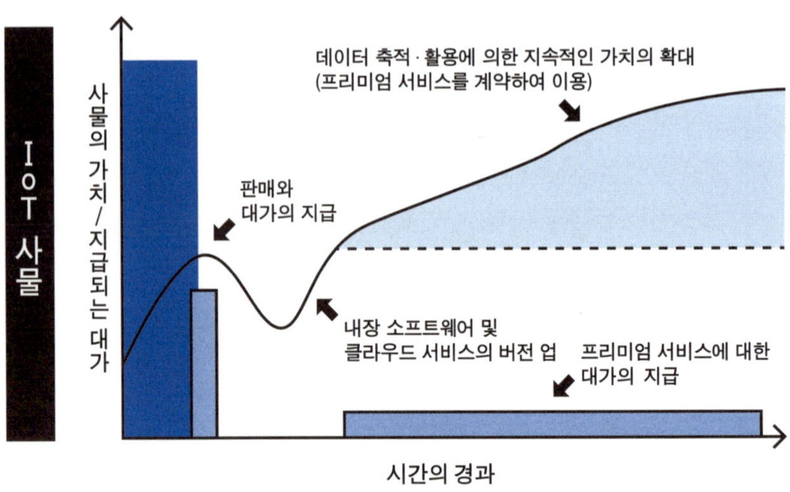

[그림 7] 프리미엄 서비스의 개념

   IoT 비즈니스 모델 혁명

예를 들어 핏빗이 제공하는 웨어러블 디바이스의 경우, 본체를 구매하면 매일의 걸음 수나 계단을 걸어서 올라간 횟수, 수면 시의 상태 등의 기본적인 데이터를 수집하여 클라우드 서버에 축적하고, 나중에 그것을 열람할 수 있다. 이 데이터는 계속 무료로 축적되는데 장기간에 걸쳐 데이터의 양이 많아졌다고 해서 추가 요금을 물게 되거나 하는 일은 없다(물론 향후에는 어떤 형태로든 제도 변경이 있을 수도 있겠지만 말이다).

이것만으로도 충분히 가치 있는 제품이지만, 핏빗에서는 '핏빗 프리미엄'이라는 유료 서비스를 마련했다. 이 서비스를 계약하고 연간 4,980엔(약 55,000원)을 지급하면 다이어트 지도와 운동 레벨 설정 등의 기능이 추가되어 사용할 수 있게 된다. 즉, 지금까지 축적된 데이터를 알기 쉽게 그래프로 만들어서 운동이나 생활의 경향을 분석해 주고 운동 레벨을 조금씩 늘려가는 12주간의 피트니스 플랜을 짜주는 기능이다.

또 가정용 CCTV 브랜드인 '드롭캠(Dropcam)'도 프리미엄 서비스를 운영하고 있다. 드롭캠은 IoT 기능이 있는 CCTV로서 가정에서 촬영한 영상을 인터넷 경유로 스마트폰이나 태블릿 단말기에서 확인할 수 있다. 마이크와 스피커도 내장되어 있어서 카메라 주변의 소리를 확인하거나 반대로 이쪽의 소리를 전달할 수도 있다(집을 비운 사이에 장난을 치는 애완동물을 꾸짖는 등의 사용법이 있을 수 있다). 또 움직임이나 소리에 반응하여 스마트폰으로 경보를 보내주는 기능도 갖추고 있다.

그리고 프리미엄 서비스에 가입하면 촬영한 영상을 클라우드 서버에 보관할 수 있게 된다. 월 10달러(혹은 연간 100달러)를 내면 10일간의 영상을, 월 30달러(혹은 연간 300달러)를 내면 30일간의 영상을 보관하고, 그것을 다운로드하거나 공유할 수 있게 된다(모두 2015년 10월 현재 요금). 또한, 영상 데이터의 단순 보관 이외에도 데이터 속에서 어떤 이상이 있는 부분만을 추출하는 기능도 있다. 10일간 집을 비운 후에 돌아와 보니 창문이 깨져 있었을 경우에도 10일간의 영상을 전부 돌려보지 않아도 되는 것이다.

사실 드롭캠은 앞서 소개했던 스마트 서모스탯 회사인 네스트에게 2015년 6월에 인수되어 현재는 '네스트 캠(Nest Cam)'이라는 이름으로 서비스를 제공하고 있다. 이미 예상했겠지만 네스트가 전개하고 있는 다른 제품과의 연동 기능도 실현되었다. 서모스탯을 '외출'로 설정하거나 화재경보기가 연기를 감지하게 되면 자동으로 촬영이 시작된다. 이와 같이 보다 중요한 타이밍에 자동 촬영을 할 수 있게 된다면 프리미엄 서비스의 가치도 올라가고 수익 향상을 꾀할 수도 있을 것이다.

'계속 똑똑해지는' 형태의 제품으로 지속적인 수익을 창출할 수 있는 또 한 가지의 가능성은 데이터 분석 결과에 대하여 어떤 형태로든 대가를 청구하는 것이다. 이 방법으로서 가장 일반적인 것은 광고로 나타내는 것이다. 데이터가 축적되어 유저의 취향이나 성격을 파악할 수 있다

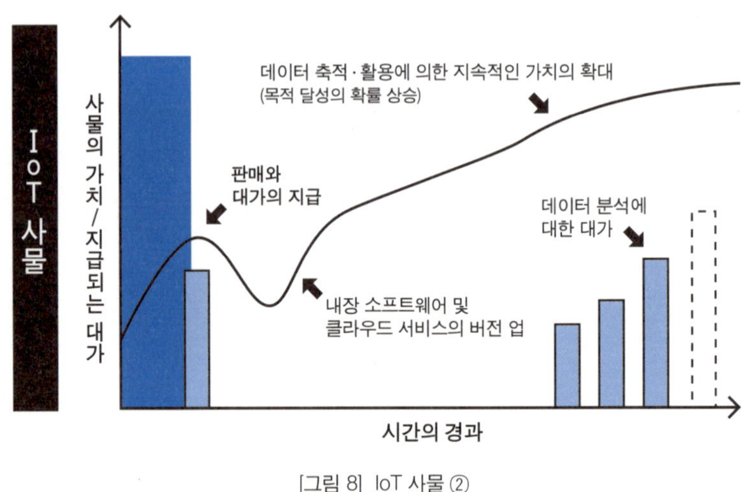

[그림 8] IoT 사물 ②

　IoT 비즈니스 모델 혁명

면 그에 맞는 광고를 제시할 수 있게 된다. 그리고 광고에 의하여 원하는 반응을 이끌어낼 수 있었다면(인터넷 광고에서처럼 광고를 클릭하는 등) 광고주에게 대가를 청구하면 된다. 주인의 스케줄을 관리하고 그에 맞추어 일정을 상기시키거나 어드바이스를 해주는 개인 비서 형태의 서비스에서 광고로 나타내거나 추천(유저 가까이에 위치한 레스토랑을 추천해 주는 등) 서비스를 통해 수익을 올리는 방법도 있을 수 있다.

이 모델을 '광고형'이라고 칭하지 않은 것은 광고 이외에도 대가를 청구할 수 있는 방법이 있을 수 있기 때문이다. 데이터를 분석하는 것은 고객의 목표를 달성하기 위해서이다. 그렇다면 그 목표를 달성했을 경우, 그 '성과'에 대하여 고객에게 대가를 청구하는 것도 가능할 것이다.

예를 들어 M&C 사치의 '스마트 간판 광고'를 실행하는데 성과 보수형 계약을 맺었다고 하자. 설치 비용은 청구하지 않고 '간판을 10초 이상 바라보는 사람이 있으면 일정한 금액을 지급한다.'라는 내용의 계약이다. 초기의 광고는 사람들의 눈을 끌 수 없기 때문에 좀처럼 대가를 받을 수 없다. 하지만 그 앞을 지나가는 사람들의 반응을 데이터화하여 그것을 기초로 광고 내용을 수정해 나간 덕분에 점점 관심을 보이는 사람들의 수와 바라보는 시간이 늘어난다. 그리고 청구 조건에 해당하는 사람들이 생겨나기 시작하고 그 수는 늘어간다. 또한, 사람들이 광고에 싫증을 내더라도 지속적으로 광고 내용을 변경할 수 있으므로 계속 대가를 청구할 수 있게 되는 것이다.

이런 방법이라면 광고주는 처음에 큰 금액을 투자할 필요도, 효과가 없었을 때의 리스크를 부담할 필요도 없다. 또 '스마트 간판 광고' 서비스의 사업자는 차츰차츰 광고가 똑똑해질 것을 알고 있기 때문에 시간이 가면 갈수록 얻을 수 있는 대가가 늘어날 것을 예상할 수 있다. 어느 경우라 하더라도 서로 납득하며 가치와 그 대가를 교환할 수 있을 것이다.

프리미엄 요금을 설정하는 경우나 광고에 대한 대가를 받는 경우 모두 IoT 제품이 계속해서 가치를 창출하는 것을 전제로 한다. 이익을 내는 방법을 생각함과 동시에 '계속 똑똑해지기' 위하여 어떤 개발 체계가 필요한지 또 고객의 니즈를 파악하기 위하여 그들의 의견에 어떻게 귀를 기울일지에 대한 운영 체계의 검토도 잊어서는 안 될 것이다.

Company 03 하이얼 아시아 주식회사 Haier Asia

재팬 리전 커머셜 영업본부
솔루션 그룹 매니저
나가마츠 슈헤이 씨

재팬 리전 커머셜 영업본부
커머셜 런드리 그룹 매니저
토마츠 요시유키 씨

영업총괄본부 커머셜 영업본부
커머셜 런드리 그룹 동일본 영업소 소장
이나무라 카츠히코 씨

영업총괄본부 커머셜 영업본부
커머셜 런드리 그룹 디렉터
이즈츠 신야 씨

바이스프레지던트 영업총괄본부
커머셜 영업본부 본부장
쿠보타 준 씨

Q 하이얼 아시아(이하 하이얼)에서는 빨래방에서 IoT를 활용하는 'IT 런드리'를 운영하고 있는데 애초에 이 사업은 어떻게 시작된 것인가요?

하이얼 빨래방은 1970년경에 등장한 비즈니스로서, 당시에는 목욕탕 옆이나 상점가와 같은 장소에서 운영되고 있었습니다. 지금도 점포 수는 매년 증가하고 있는데 올해에는 1만 7,500점포 정도에 달할 것으로 예상하고 있습니다.

과거 빨래방은 하나의 사업이라기보다는 사이드 비즈니스라는 성격이 강했습니다. 빈 점포나 유휴지를 활용하기 위해 시작하는 경우가 많았지요. 빨래방을 거의 신경 쓸 일이 없는 '시간제 세탁기 대여'사업이라고 생각하기 때문인데요. 아무래도 고객이 사용하는 이상 세제를 보충하거나 점포를 청소하는 등 최소한의 작업이 필요합니다. 그런 작업 중의 하나가 '수금'입니다. 각각의 기계에는 투입된 동전이 들어 있는 저금통 같은 부분이 있어서 거기에서 돈을 회수하여 '어느 세탁기에 얼마의 돈이 들어왔다.'라고 기록하는 작업입니다.

그런데 점포 수가 늘어나게 되면 주인이 모든 점포를 관리할 수 없어서 이 작업을 누군가에게 맡기는 방법을 생각하게 됩니다. 하지만 그 경우에는 수금한 돈을 중간에서 가로채지 않을까 하는 불안 요소가 존재합니다. 부부가 운영하는 경우라고 하더라도 남편이 수금한 돈으로 몰래 담배를 사 피우는 등의 일들이 있었다고 합니다. 그렇게 되면 서로를 의심하게 되고 제삼자에게는 도저히 맡길 수 없는 상황이 되어 버립니다.

이 문제를 해결하는 방법은 기술적으로는 간단한 데, 돈이 얼마 모였는지의 정보를 데이터화하여 관리자에게 보내주면 됩니다. 그래서 지금으로부터 18년 전인 1997년, '데이터 통신 서비스'를 시작했습니다. 과거의 PC 통신과 비슷한데 점포의 기계에서 모인 데이터를 전화 회선으로 송신하는 방법입니다. 이것이 지금의 'IT 런드리'의 시초가 되었습니다.

이 데이터 통신 서비스의 편리함 덕분에 많은 점포에 도입되었고 도입한 고객으로부터 '이런 기능이 더 있었으면 좋겠다'는 요청도 받게 되었습니다. 그런 고객의 소리에 대응해 나가는 사이에 인터넷 시대가 도래했고, 인터넷을 사용하여 보다 저렴한 가격으로 서비스를 제공하자는 생각에 2005년에 새롭게 시작한 것이 지금의 'IT 런드리'입니다.

이렇게 시작된 IT 런드리도 처음에는 보급 속도가 느렸습니다. 그 원인 중의 하나가 높은 초기 비용이었습니다. 그 당시에는 이 시스템을 도입하기 위하여 한 대당 수백만 원의 인터페이스 기판을 설치하고 필요한 여러 주변기기의 비용을 점포 측에서 부담했기 때문입니다.

하지만 IT 런드리를 시작하고 1년이 지난 2006년에 저희 대표께서 "서비스가 매우 훌륭하니, 빠른 보급을 위해 무상 지원으로 전환하라."라는 지시를 내렸습니다. 무상으로 서비스를 제공한다는 발상은 그 당시에는 어느 누구도 생각하지 못했던 것이었습니다. 이에 '런드리 시스템을 도입하는 고객에게는 무료로 IT 런드리를 제공합니다.'라는 내용의 프로모션을 1년 정도 시행했습니다. 그 결과 급격하게 보급된 것입니다.

IT 런드리는 올해 6월 현재, 약 1,000개의 점포에 도입되어 있습니다. 이 1,000개의 점포가 어느 정도인가 하면, 후생노동성의 조사에 따르면 IT 런드리 서비스를 시작한 2005년부터 2015년까지의 기간 동안 빨래방은 약 3,700개의 점포가 증가했다고 합니다. 그중의 1,000개의 점포에 도입된 것이므로 서너 점포 중 한 점포에 IT 런드리가 있다는 계산이 나옵니다.

이 IT 런드리로 말미암아 멀리 떨어진 곳에서도 빨래방을 관리할 수 있게 되었습니다. 매상의 파악은 물론 각 기계를 원격에서 조작할 수도 있습니다. 가령 동전이 걸리거나 세탁기 문이 잠기고 중간에 물이 안 나오는 등의 문제가 발생했을 경우, 일부러 몇 킬로미터나 떨어진 곳까지 직접 가는 것은 힘듭니다. 하지만 IT 런드리에서는 문제가 생긴 기계 이외의 다른 기계를 원격 조작하여 고객이 다른 세탁기를 사용하도록 할 수 있습니다. 또한, 점포 내의 세탁기·건조기가 몇 대 가동 중인지 인터넷을 통하여 확인할 수 있습니다.

Q 데이터 통신에서 시작된 시스템이 IT 런드리로 발전하고 조금씩 기능을 진화시킨 것이군요.

하이얼 그렇습니다. 다양한 기능이 추가된 결과, 각 기능이 사용되는 빈도는 다르지만 전체적으로는 '기계를 원격에서 조작할 수 있다'는 점이 좋은 평가를 받고 있습니다. 지금은 각 세탁기·건조기를 매우 세부적으로 제어할 수 있게 되어, 마치 현장에서 조작하고 있는 것처럼 제어할 수 있습니다. 빨래방을 경영하는 장점 중의 하나는 인건비라고 하는 고정비를 들이지 않고 운영할 수 있다는 점입니다. 항상 누군가가 점포에 있는 것이 이상적이기는 하지만, 그렇게 되면 그 장점을 살릴 수 없습니다. 그래서 인건비를 들이지 않더라도 사람이 상주하는 것보다 양질의 서비스를 제공할 수 있다는 것이 IT 런드리의 장점입니다.

Q 빨래방 이용객을 대상으로 한 기능은 어떻게 개발해 오셨나요?

하이얼 원래 빨래방은 '기다리는' 비즈니스였습니다. 이것을 '다가가는' 비즈니스로 바꾸는 것이 IT 런드리입니다. 그렇다면 어떻게 다가갈 것인가가 중요한데 바로 이용객들에게 높은 편의를 제공하여 고객을 획득하고 유지해 나가는 것입니다. 그래서 데이터 통신 서비스에서 IT 런드리로 진화했을 때 가장 처음 실시한 것이 '포인트' 제도입니다.

IT 런드리 이외에도 'IC 런드리'라는 시스템이 있습니다. 기계에서 IC 카드를 사용할 수 있도록 하여 동전이 없어도 이용할 수 있습니다. 기존의 빨래방은 '동전'밖에 사용할 수 없었지만 우리는 이 IC 카드를 도입하여 현금이 없어도 이용할 수 있게 했습니다. 그 시스템에 포인트 제도를 결합시킨 것이죠.

요즘에는 빨래방이 대형화되고 있는 추세입니다. 예전에는 '어둡고, 더럽고, 무섭다'고 말할 정도로 열악한 곳도 있었지만 지금 국도 변에는 대형 점포가 많습니다. 이런 점포의 주 고객층이 주부들입니다. 주부들이 대형 세탁기로 한꺼번에 세탁을 하거나 큰 세탁물을 세탁하는 경우가 많습니다. 그렇게 되면 이용 요금이 높아지게 되는데 그때마다 동전으로 지급하는 것은 번거로우니 현금을 없애기 위하여 카드를 도입하게 된 것입니다.

이 IC 런드리와 IT 런드리를 결합시키면 IC 카드를 사용하는 이용객의 회원정보를 기계의 가동 정보와 연결할 수 있게 됩니다. 그렇게 되면 '세탁의 종료를 메시지로 알려주는' 서비스가 가능해집니다. 세탁이 끝나갈 즈음 미리 등록된 이용객의 휴대전화로 안내 문자를 보내는 서비스입니다. 이와 같이 편리성을 향상시키는 다양한 기능을 실현할 수 있게 되는 것입니다.

또 점주들 입장에서는 이용객의 정보를 얻을 수 있다는 이점이 생깁니다. 그 데이터베이스를 활용하면 보다 효과적인 판촉 활동을 전개할 수 있기 때문이죠. 이것이 '다가가는' 비즈니스입니다. 이처럼 이용객, 점주 그리고 저희 회사 이렇게 삼자가 모두 이익을 얻을 수 있는 시스템이 IT 런드리와 IC 런드리라고 생각합니다.

Q 이용객의 데이터를 이용하여 판촉 활동을 할 경우, 구체적으로 어떤 것들을 할 수 있을까요?

하이얼 우선 DM을 보낼 수 있게 됩니다. 고객 리스트를 선별하여 DM의 문구를 임의로 선택할 수 있습니다. 또 고객의 이용 상황을 분석할 수 있는데, 분석해 보면 업무적으로 빨래방을 이용하는 빈도가 상당히 높은 이용객들이 있습니다. 그런 고객들만을 선별하여 DM을 보낼 수도 있습니다. 이용객의 특성을 파악하여 그것을 바탕으로 전략을 세울 수 있게 되는 것이지요.

Q 데이터 분석이 가능하다고 해도 자유자재로 활용하는 것은 쉽지 않을 것 같은데 점주들을 위한 지원 프로그램 등은 있는지요?

　　　　　　　　　　　　　IoT 비즈니스 모델 혁명

하이얼 일반적인 조작 매뉴얼 이외에 활용 방법을 정리한 매뉴얼을 제공하고 있습니다. 그리고 적극적으로 데이터 분석을 활용하는 점주들이 많이 계신 덕분에 오히려 고객 쪽에서 새로운 활용법에 대한 아이디어를 주시는 상황입니다. 분석 기능은 상당히 세분화되어 있어서 어떻게 조합하느냐에 따라서 무한한 가능성이 있습니다. 그 덕분에 저희들도 항상 배우고 있는 입장입니다.

Q IT 런드리 시스템을 통해서 구체적으로 어떤 정보를 파악할 수 있나요?

하이얼 오늘의 매출과 같은 단순한 정보 이외에도 매우 세분화된 정보를 확인할 수 있습니다. 각 기계별 가동 상황과 몇 시에 어느 세탁 코스를 이용했는지 혹은 매출 면에서도 전년의 실적과 비교 분석까지 가능합니다. 또한, 그 데이터를 시스템에서 가공하여 이해하기 쉽도록 도식화하거나 목표 예산과 실적을 비교할 수도 있습니다. 데이터를 엑셀 등의 별도의 프로그램으로 변환하여 추가적으로 가공하는 점주들은 많지 않기 때문에 가능하면 이 시스템에서 분석을 끝낼 수 있도록 충실하게 만들었습니다. 그것을 가지고 어떻게 판촉에 활용할지는 각 점주님들에게 달려 있지요.

가령 빨래방은 주말에 이용객이 몰리기 쉬우므로 가능하면 주말의 고객을 평일로 돌리고자 하는 니즈가 있습니다. 이에 고객의 타깃을 설정하고 평일 할인을 시행하거나 포인트를 더 많이 제공하는 등의 방법이 가능합니다.

Q 분석 기능이 잘 마련되어 있다고 하셨는데 그것은 어떻게 개발하신 건가요?

하이얼 원래 IT 런드리는 데이터 통신 서비스에서 시작되었다고 말씀드렸습니다만, 그것을 속속들이 활용하신 점주들이 계십니다. 그분들로부터 '이런 내용으로 분석하고 싶다'는 요청을 다수 입수하여 그 내용을 기능으로 반영했습니다.

Q 고객의 의견은 어떻게 수집하고 계신가요?

하이얼 저희 제품의 특성상 한 번 판매하고 끝나는 것이 아니라 점주 분들과 저희 사이에 있는 딜러가 점주의 관리를 담당하게 됩니다. 그 딜러는 저희가 관리하구요. 또 기존 점포를 찾아가 의견을 듣는 등의 활동도 하고 있습니다.

사실 요즘에는 법인이 빨래방을 운영하여 복수의 점포를 운영하는 사례가 늘고 있습니다. 원래 빨래방은 건물주 등이 유휴자산을 활용하는 측면에서 운영하는 등 개인이 운영하는 경우가 많았지만, 요즘은 부동산 업자 같은 법인이 부수적인 사업으로서 운영하는 사례가 생기고 있는 것이죠. 혹은 업태 변경, 예를 들어 주유소를 빨래방으로 변경하는 경우도 있습니다. 그런 점주들은 다른 점포와의 차별화를 원하는 경우가 많은데, 그 차별화를 위한 방법으로서 IT 런드리를 선택하는 케이스가 많아지고 있습니다.

Q 개인적으로 빨래방이라고 하면 10대, 20대의 독신 남성들이 이용한다는 선입견을 가지고 있는데 그런 선입견도 바뀌고 있나요?

하이얼 요즘은 주부들이 이용하는 경우가 증가하고 있습니다. 가정용 세탁기도 대용량에 성능이 좋은 것들이 출시되고 있지만 역시 한계가 있습니다. 우선 용량이 작고, 세탁할 수 없는 것들도 많이 있습니다. 또 건조 기능 면에서는 가스를 사용하는 업소용 건조기가 가정용에 비하여 시간도 단축되고 성능도 훨씬 좋습니다. 주부들은 이런 고성능 세탁기·건조기를 사용해 많은 양의 세탁을 하거나 이불 세탁 등을 하고 있습니다.

그렇지만 아직 빨래방을 이용하지 않는 분들이 많은 상황입니다. 작년에 리서치 회사를 통하여 빨래방에 대한 소비자 의식 조사를 실시했습니다만, 빨래방을 과거에 이용한 경험이 있거나 현재도 이용하고 있는 사람은 응답자 전체의 47.3%였습니다. 성별을 보면 남성이 28.9%, 여성이 18.4%입니다. 더 구체적으로 사용 빈도에 대한 질문에서는 남성은 월 1회나 주 1회와 같이 짧은 주기로 이용하는 경우가 많고, 여성은 일 년에 한 번, 2~3개월에 한 번과 같이 긴 주기로 이용하는 경향이 있었습니다. 즉, 남성이 '일상용 의류를 세탁하기 위하여 빨래방을 이용'하는 경향이 있는 반면, 여성, 특히 주부들은 '대형 세탁물이나 집에서는 세탁할 수 없는 것을 빨래방에서 세탁'하는 경향이 있었습니다.

Q 앞서서 IT 런드리 시스템을 무상으로 제공하는 결단에 대하여 이야기하셨는데 그것은 당시 대표이사의 독단적인 판단이었나요?

하이얼 네 그렇습니다. 그때는 무상으로 IT 런드리를 보급하게 되면 런드리 본체의 매출이 오를 것이라는 생각을 하지 못했습니다. 당시에는 '이만큼의 원가가 들었으니, 이 정도의 가격을 받아야 한다'는 판단을 했던 것이지요. 하지만 당시의 대표님은 '결과

                                                IoT 비즈니스 모델 혁명

적으로 이익이 나면 된다'는 생각을 가지고 있었습니다. 그래서 IT 런드리 시스템을 무기로 삼아 런드리를 판매하라는 지시가 내려온 것입니다.

하지만 IT 런드리 시스템을 도입한 점주들께는 'IT 런드리 이용료'라는 형태로 매월 요금을 청구하고 있습니다. 그 수익을 IT 런드리 시스템용 서버의 관리 위탁비 등으로 충당하고 있습니다. 도입한 점포가 1,000개를 넘어서게 되어 이제 겨우 수지 균형이 맞게 된 상황입니다.

Q 그렇다면 그것은 '앞으로는 기계의 판매뿐 아니라, 서비스에도 주력한다'는 전략을 기반으로 진행하신 것인가요?

하이얼 그렇게 명확한 전략이 있었던 것은 아니지만, 직감적으로 서비스를 무료로 제공하면 판매 촉진에는 분명히 도움이 될 거라고 생각되었습니다. 또, 앞서 말씀드린 바와 같이 IT 런드리는 점주뿐 아니라 이용객들의 편의성도 높이고, 저희 회사에도 이익이 되는 시스템입니다. 이것은 비즈니스의 기본이며 그것을 착실하게 추진해 온 덕분에 지금의 결과를 얻을 수 있었다고 생각합니다.

또한, IT 런드리 서비스를 운영해 오는 과정에서 점주들의 특징도 변화하게 되었습니다. 원래 빨래방은 앞서 말한 것처럼 본업을 가진 사업자가 유휴자산을 활용하는 성격의 비즈니스였지만, 이 정도까지 원격 제어가 가능해지다 보니 '투자는 하지만 매장관리는 다른 사람에게 맡기고 싶다'는 분들이 생겼습니다. 매출을 속이지 않는다는 것이 데이터로 증명되기 때문에 업무를 위탁받는 사람도 떳떳합니다. 이렇게 과거와는 다른 형태의 빨래방 경영이 늘어나고 있으며, 그런 형태를 가능케 하는 툴로서 IT 런드리 시스템이 활용되고 있습니다.

특히 이 시스템은 지방에서 큰 이점이 있습니다. 가령 홋카이도는 마을과 마을이 멀리 떨어져 있기 때문에 복수의 점포를 운영하는 것이 매우 힘듭니다. 하지만 IT 런드리가 있다면 그런 지역에서도 빨래방 운영의 가능성이 열리게 되는 것이지요. 실제로 동북 지방에서 홋카이도 지방에 걸쳐 점포를 관리하는 경우도 있습니다.

IT 런드리는 서비스 개발 단계부터 프랜차이즈 매장 관리를 염두에 두고 고안된 시스템입니다. 모든 정보를 열람할 수 있는 사업자용 ID와 개별 점포만을 관리할 수 있는 업무 위탁자용의 ID를 별도로 분리했구요. 또 위탁자용 ID로는 매출 열람을 불가능하게 하는 등 세세한 권한 설정을 자유롭게 할 수 있습니다. 요즘에는 이 기능을 필요로 하는 사업자들이 늘어나는 추세여서 10년 전부터 이러한 상황을 예상하고 개발한 보람이 있다고 생각합니다.

또 한편으로는 저희 쪽에서도 이러한 경영 형태의 확장에 대응하기 위하여 IT 런드리에서 수집한 데이터를 적극 활용하고 있습니다. 가령 빨래방의 신규 점포 오픈을 제안할 경우에 '이 상권에서 이 정도 규모의 점포라면 이 정도의 매출을 기대할 수 있다.'라고 데이터를 활용하여 설명할 수 있기 때문에 설득력이 높아지게 됩니다. 또 예전에 세탁기와 건조기 일체형 제품을 개발했을 때 '세탁기와 건조기가 분리되어 있어야 동시에 다른 작업을 할 수 있으니 가동률이 높아지는 것 아닌가?'라는 의견이 있었습니다. 하지만 실제로 일체형 제품을 도입한 점포의 데이터를 확인해 보니 고객의 단가가 높아지고 신규 고객도 확보할 수 있었다는 사실이 숫자로 증명되었습니다. 이처럼 영업과 개발의 모습이 눈에 보이는 형태로 변화되고 있습니다.

저희 회사와 동일한 서비스를 제공하는 경쟁사가 존재하지만, 그것은 우리의 IT 런드리 서비스와 같은 형태가 이 업계에서 효과가 있다는 증거가 아닐까 생각합니다.

(2015년 10월 30일 취재, 존칭 생략)

Chapter 5

Sell light, not light bulb
‘전구’가 아닌, ‘빛’을 판다

어떤 사물이 우리 생활에 매우 중요하다고 해서 그것이 반드시 저렴한 가격으로 제공되거나 누구나 사용할 수 있도록 대량으로 생산되지는 않는다. 또한, 큰 가치를 지니고 있다고 하더라도 극히 제한된 상황에서만 사용할 수 있는 것을 구매하는 것은 낭비일 것이다. 그럴 때 사람들은 '렌털'이라는 비즈니스를 고안해 냈다. 즉 사물을 소유한 사람이 그것을 빌려주고 일시적으로 이용하는 사람으로부터 대가를 받는 것이다.

렌털 비즈니스의 역사는 길다. 기원전 1500년경, 다시 말하면 에드윈 스미스 파피루스가 편찬되었을 바로 그 당시의 이집트에는 이미 당나귀를 렌털하는 비즈니스가 존재하고 있었다. 당나귀는 힘이 세고 무거운 짐을 싣고 장거리를 여행할 수 있기 때문에 고대의 중요한 운송 수단이었다. 요즘으로 말하면 트럭과도 같아서 당나귀 렌털은 현대의 렌터카라고 할 수 있을 것이다. 이 '당나귀 렌털'에 관한 상세한 기록이 남아 있는데 그 내용을 보면 대여 기간은 평균 1개월, 때로는 그 이상의 기간을 대여하기도 했다. 물론 요금을 떼이거나 대여 중에 당나귀가 죽어버리는 경우 등 여러 가지 문제가 있었던 모양이다.

지금은 너무나 흔한 존재가 되어버린 '책'도 오랫동안 렌털 비즈니스의 대상이었던 품목이다. 유럽의 각 도시에서는 18세기경부터 돈을 받고 서적과 신문을 대여하는 '책 대여점' 혹은 '독서실'과 같은 비즈니스가 존재했다. 소설처럼 일반인을 대상으로 하는 책조차도 오늘날의 가치로 환산하면 수십만 원 정도였기 때문이다. 그래서 일반 서민은 책 대여점을 방문하여 구매가 아닌 '읽는' 행위에 대가를 지급하고 그 내용을 얻었던 것이다.

이 책 대여점에 대해서 18세기부터 19세기에 걸쳐 활동했던 프랑스 작가 루이 세바스찬 메르셰가 재미있는 말을 남겼다. 그곳에 진열된 책의 상태를 보면 지금 어느 책이 인기 있는지를 파악할 수 있다는 것이다. 즉 인기 있는 책은 많은 사람이 대여해 가기 때문에 표지가 닳거나 속지가 더럽혀져 있다. 또 특별히 화제를 모으고 있는 책은 동시에 여러 사람에게 빌려줄 수 있도록 몇 권으로 나누어져 있는 일도 있었다고 한다. 반대로 아무도 눈길을 주지 않는 책은 출판된 그 상태로 아주 깨끗하다는 것이다.

이렇게 '사용자의 흔적이 남는' 렌털 비즈니스의 부산물은 이후에 그 자체가 가치를 창출하게 되지만, 어쨌든 렌털은 아주 오랜 옛날부터 그 형태가 계속 진화되어 현재에 이르렀다. 최근에는 기업이 소비자에게 물건을 대여하는 형태 이외에도 소비자들 간에 물건을 공유하는 '셰어'의

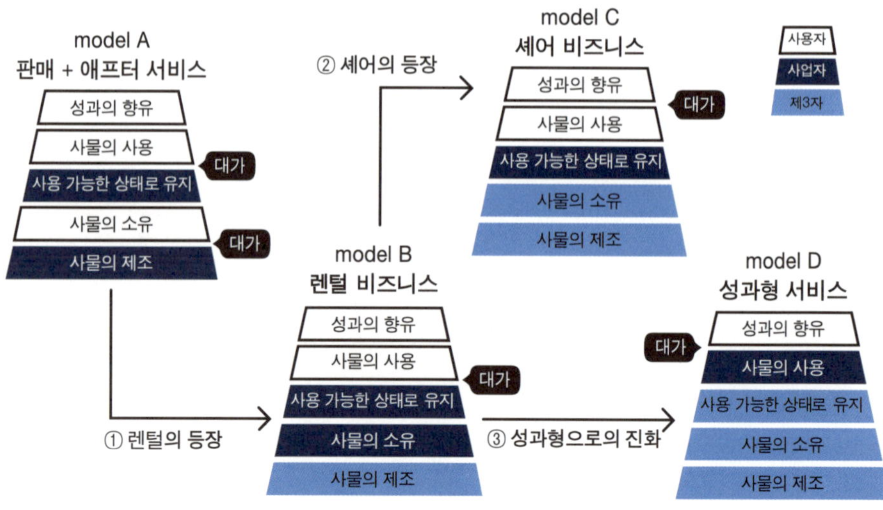

[그림 9] IoT 시대의 렌털

    IoT 비즈니스 모델 혁명

형태도 등장했다. 그리고 IoT 시대가 도래함에 따라 렌털 비즈니스는 한 층 더 진화하려 하고 있다. IoT 시대의 렌털은 과연 어떤 방향을 향하고 있는 것일까. 간단하게 정리해 보도록 하자(그림 9) 참조).

렌털이라는 비즈니스 모델

비교를 위하여 먼저 셰어 비즈니스 이전의 비즈니스 모델을 확인해 보도록 하자. [그림 9]의 'A. 판매+애프터서비스'에 해당된다.

추위를 피하기 위해 사용자가 보일러를 이용해 방을 덥히는 장

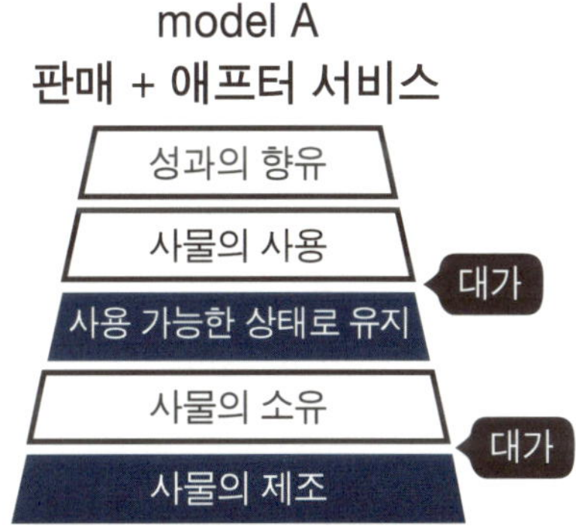

면을 상상해 보자. 최초로 발생하는 것은 누군가가 보일러를 제조하는 과정이다. 판매(+애프터서비스) 비즈니스에서는 그 이름대로 사업자가 사물을 팔아서 이익을 얻기 때문에 이 과정은 사업을 운영하는 사업자가 담당한다. 즉 사업자는 제조사가 된다.

제조된 보일러는 사용자가 소유하며 이 시점에서 대가의 지급이 발생한다. 사업자가 보일러의 소유권을 사용자에게 넘기는 대신에 그 대가를 받는 것이다(어렵게 설명했지만 간단히 말하면 사용자가 보일러를 구매하는 것을 말한다). 그것은 보일러라는 사물의 소유권을 가지는 것에 대한 대가이며 따라서 한 번만 발생하게 된다. 바로 '판매하고 끝나는' 형태의 비즈니스이다.

사용자는 구매한 보일러를 집에 설치한다(사물의 소유). 실제로 설치하는

것은 별도의 사업자, 예를 들어 가전제품 대리점 등의 제삼자가 하는 경우도 많지만 여기서는 이해를 돕기 위하여 무시하도록 하겠다. 그다음은 소유권을 획득한 사용자가 자신의 책임으로 보일러를 유지하고(사용 가능한 상태로 유지), 사용하고(사물의 사용), 따뜻한 방에서 편안한 시간을 보낸다(성과의 향유).

그러나 이와 같은 판매하고 끝나는 형태의 비즈니스에서는 대가를 얻을 수 있는 기회가 한 번밖에 없기 때문에 사업자인 제조사는 어떻게 해서든 제품을 구매한 소비자와의 관계를 유지하고 또 다른 수입을 얻을 기회를 만들려 한다. 그것이 애프터서비스이다.

일회용 제품이 아닌 한 사물에서 지속적인 가치를 얻기 위해서는 그것을 사용할 수 있는 상태로 유지해야만 한다. 따라서 사용자는 '사물을 사용할 수 있는 상태로 유지'한다는 과제를 떠안게 되지만, 그것은 사용자 혼자서 달성할 수 있는 것만은 아니다. 따라서 이 단계에서 사업자가 도움을 주고 그 행위에 대한 대가를 받는다. 하지만 '수리비'처럼 직접적인 금전적 대가가 발생하는 경우만 있는 것은 아니다. 사용자와 좋은 관계를 유지하기 위하여 무상 애프터서비스가 제공되는 경우도 많다. 이 경우에 사업자는 '사용자와의 좋은 관계'를 통해서 간접적인 대가의 획득을 노리고 있다고 할 수 있을 것이다(재구매 시에 다시 자사 제품을 구매해주거나, 지인에게 자사 제품을 추천하는 등).

다만, 사용자에 따라서는 애프터서비스란 필요하지 않을 경우에는 받고 싶지 않을 수도 있다. 이미 대가의 지급을 완료했는데 정기적으로 추가 비용이 발생하거나 구매한 사물을 사용할 수 없는 시기가 발생하는 것은 달갑지 않다. 특히 보일러 등의 가전제품의 경우, 집에 점검원이 정기적으로 방문하는 것은 귀찮은 일일 수 있다. 따라서 애프터서비스에

　　　　　　　　　　　　　IoT 비즈니스 모델 혁명

서도 수익을 내는 비즈니스 모델은 실제로는 성공을 위한 조건이 제한되어 있으며 애프터서비스를 수익원이 아닌 추가 비용으로 보고 있는 사업자도 많다.

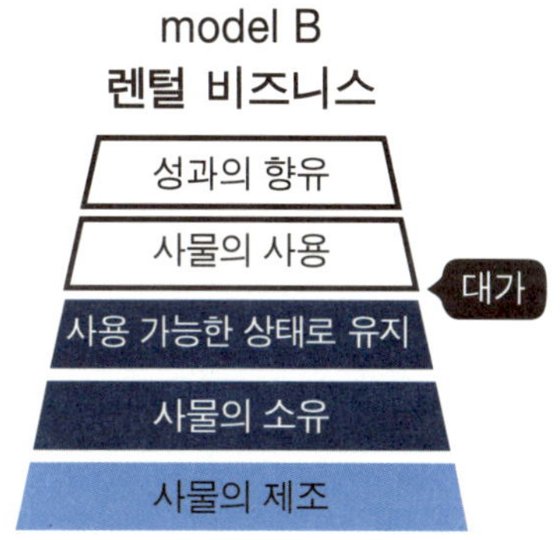

다음으로 등장하는 것이 'B.렌털 비즈니스'이다. 앞서 이야기한 바와 같이 사업자가 사용자에게 사물을 대여하는 형태인데 렌털 비즈니스에서 사용자가 성과를 향유하기까지는 어떤 과정으로 이루어져 있을까.

우선 '사물의 제조'를 보자. 렌털 비즈니스에서는 사물을 판매하여 대가를 얻는 것이 아니므로 사업자가 직접 사물을 만들 필요는 없다. 별도의 사업자로부터 사물을 구매하여 그것을 대여하더라도 문제는 없다.

다만, 타인이 소유하고 있는 사물을 멋대로 대여할 수는 없기 때문에 '사물의 소유'는 사업자의 몫이다. 그리고 사용자에게 대여하기 위해서는 그것이 사용할 수 있는 상태로 유지되어야만 하므로 '사용 가능한 상태로 유지'는 사업자가 담당하게 된다. 그리고 사용자는 '사물의 사용', '성과의 향유' 부분만을 담당한다.

이 경우 사용자가 지급하는 것은 '사물의 사용'이라는 행위에 대한 대가이다. 앞의 사례를 다시 생각해 보자. 보일러를 렌털한 사용자는 그것을 집에 설치했다고 해도 돈을 지급할 필요가 없다. 또한, '계약사항 이외의 행위로 사물을 파손시킨 경우 수리비를 배상'하는 등의 특수한 경우를 제외하고는 '사용할 수 있는 상태로 유지'하는 것에 대가를 지급할 필요도 없다(보일러의 연료나 당나귀의 먹이와 같이 사물을 움직이는 에너지가 되는 것의 대가는 제외). 요금이 발생하는 것은 보일러의 스위치를 켜고 따뜻한 바람이 나오는 그 순간부터이다. 다만, 보일러를 잘못 조작하여 난방이 아닌 냉방으로 하거나 설정 온도가 너무 높아서 땀을 흘릴 정도가 되었다고 해도 사용자는 '기대했던 것과 다르다.'라며 지급을 거부할 수는 없다.

렌털 모델에서는 1회에 지급하는 대가, 즉 사물의 사용료는 매우 적은 경우가 많다. 또한, 사업자는 유지 보수 비용 전부를 부담해야만 하며 사용자가 반납한 사물을 그때마다 점검할 필요가 있다. 그러나 사물을 사용하는 사용자와 장기적인 관계를 유지하고 지속적으로 수익을 창출할 수 있는 상태를 만들거나 사물의 가동률을 높여서 그것을 구매할 때 지급했던 대금 이상의 수익을 올릴 수 있는 등의 기회가 있다.

# IoT에 의한 렌털 모델의 진화

이상이 렌털 비즈니스의 대략적인 내용인데 IoT는 이 비즈니스의 여러 측면에서 효율화를 촉진시킬 수 있을 것으로 기대되고 있다.

렌털 비즈니스를 유지하기 위해서는 당연히 '누가, 무엇을, 언제, 얼마나 사용했는가'의 관리를 현실적인 비용 안에서 운영할 수 있어야만 한다. 또한, 이익을 극대화하기 위하여 유지 보수에 소요되는 비용도 최소한으로 유지할 필요가 있다. 그리고 고대 이집트 시대에도 당나귀 렌털 요금이 회수되지 않았다는 기록이 있었던 것처럼 확실하게 수금을 해야 하는 문제도 존재한다.

하지만 IoT를 활용하게 되면 이러한 관리 부분에서 사람이 필요 없게 되며 오히려 사람이 담당했을 때보다 정밀하게 관리할 수 있게 된다.

가령 대여하는 사물을 IoT화하게 되면 낮은 비용으로 일 년 365일 24시간 내내 가동 현황을 감시할 수 있게 된다. 사람이 물품 목록이나 대여 기록을 작성하거나 대여 전·후로 그 사물이 어떤 상태인지 점검하지 않더라도 기계가 순식간에 처리해 버리는 것이다. 게다가 이런 대응을 위해서 기계가 사물과 같은 공간에 있을 필요도 없다. 원격으로 모니터링해서 사물의 상태에 아무런 문제가 없다면 그대로 사용하게 하거나 또는 사업자에게 반납하지 않고 다음 사용자에게 건네주게 할 수도 있게 된다.

또 IoT 기술이 제공하는 기능은 대금의 지급 면에서도 이상적이라고 할 수 있다. 만약 사용자가 요금을 지급하려 하지 않거나 지급한 요금 이상으로 사용하려 할 경우에는 그것을 바로 파악하여 사물의 작동을 멈추거나 자동적으로 추가 요금을 청구하는 등의 대응이 가능할 것이다. 반대로 고장 등의 문제로 인해 계약한 대로 사물이 제 기능을 제공할 수 없을 경우에는 상황을 파악하여 사용자에게 요금을 되돌려줄 수도 있다. 이 또한 사람이나 기계가 사용자와 같은 공간에 있을 필요는 없다.

이처럼 IoT가 렌털 비즈니스에 접목되는 상황은 렌털이라는 서비스의 내용을 보다 정밀화하는 것으로도 연결될 것이다.

앞서 말한 바와 같이 셰어 비즈니스를 유지하기 위해서는 '누가, 무엇을, 언제, 얼마나 사용했는가.'라는 정보를 낮은 비용으로 관리할 수 있어야만 한다. 하지만 역으로 말하면 기존의 셰어 비즈니스는 '누가, 무엇을, 언제, 얼마나 사용했는가.' 정도의 정보로만 운영되었다고 할 수 있다. 따라서 '하루 대여 요금'과 같이 비교적 단순한 구조로만 요금을 책정할 수 있었다. 하지만 IoT에 의하여 사용 정보를 보다 상세하게, 보다 빈번하게 획득할 수 있게 된다면 사용자의 상황에 맞는 요금 체계를 설정하고 각 사용자에게 적합한 서비스를 개발하거나 혹은 제공하는 사물을 보다 적절하게 관리할 수 있게 된다.

이제부터는 IoT에 의해서 렌털 서비스가 어떻게 진화되고 있는지 구체적인 사례를 보기로 하자.

하이얼의 IoT 빨래방

자취 생활을 시작하려 하는 대학생에게 대형 가전제품은 손쉽게 구매할 수 있는 물건이 아니다. 무더운 일본에서 냉장고는 필수품이라고 하더라도 에어컨이나 TV 등은 망설이는 경우가 있을 것이다. 그중에서도 세탁기의 경우, 세탁이라는 행위는 꼭 필요하다고 하더라도 가동률을 생각해 보면 자취 생활에는 어울리지 않게 느껴지기도 한다. 건조기는 더욱 그렇다.

그런 젊은이들에게는 '사용한 만큼'의 요금을 지급하고 세탁기·건조기를 이용할 수 있는 빨래방은 매우 편리한 곳이다. 실제로 일정 요금을 내고 세탁기를 이용하는 비즈니스의 역사는 긴데, 영국에서 1930년대에 시작된 것이 최초라고 한다. 일본에서도 1970년대에 동전을 넣고 사용하는 빨래방이 생기기 시작하여 전국 각지에 보급되었다.

이처럼 어딘가 향수를 불러일으키고 '젊은 층이 이용하는 서비스'라는 이미지의 빨래방은 최근에 그 시장이 지속적으로 확대되고 있다. 후생노동성의 조사 결과에 따르면, 2013년 현재 전국 빨래방의 수는 1만 6,693개 점포이며 지난 10년간 약 30%가 증가했다.

그 원인의 하나로 꼽을 수 있는 것이 일하는 여성의 증가이다. 가정에서 매일 세탁을 하는 시간이 줄어들었기 때문에, 주말에 정기적으로 빨래방에 와서 세탁을 하는 것이다. 빨래방에 있는 가스식 건조기는 가정

IoT 비즈니스 모델 혁명

용 건조기보다 성능이 뛰어나서 빠른 시간에 건조할 수 있다. 또 이불 빨래가 가능한 대형 세탁기도 구비되어 있는 등 빨래방은 젊은 독신 남성뿐만 아니라 기혼 여성층에게도 매력적인 곳이 되었다.

이렇게 시장 확대 바람이 불고 있는 빨래방이지만 단순히 동전 주입식 세탁기와 건조기를 점포 안에 갖다 놓기만 해서 되는 사업은 아니다. 요금을 회수하고 기계 고장을 해결하는 등 점포를 방문해야 할 여러 가지 이유가 발생한다. 누군가를 고용하여 문제를 해결하려 해도 자동판매기와는 달리 '몇 번 가동되었는지'를 어떤 형태로 파악할 수 없는 빨래방에서는 수익 금액을 속이기가 쉽다. 결국, 주인 본인이 직접 대응하는 경우가 많아지게 되는 것이다. 또 제품의 기능이나 브랜드로 차별화하기가 쉽지 않으며 사용자와의 접점도 적기 때문에 일반 소매점과 같이 적극적인 마케팅 활동을 하기도 어렵다.

이런 문제를 해결할 수 있는 가능성을 가지고 있는 것이 4장 마지막의 인터뷰에서 소개한 하이얼 아시아의 '빨래방+IoT'라는 시스템이다. 'IT 런드리'라는 이름의 이 시스템은 점포에 설치된 세탁기·건조기의 가동 상황을 수집하여 그 데이터를 인터넷 경유로 하이얼 측 서버에 축적한다. 그 데이터를 가공하여 빨래방 점주와 이용객을 대상으로 두 종류의 서비스를 제공하고 있다.

사실 하이얼에서는 1997년부터 전화회선을 사용하여 점포 내에 있는 기기의 정보를 수집해 왔다. 당초 목적은 이용 요금을 확인하기 위해서였다. 각각의 세탁기가 얼마나 사용되었고 매출은 얼마인지를 정확하게 파악하여 집계 시에 실수나 눈속임이 없도록 한 것이다. 이와 같이 하이얼은 현장에서의 어려움을 해결하기 위하여 'IoT'라는 개념이 없었던 시대에 IoT 빨래방을 탄생시키게 되었다.

그 때문인지는 몰라도 빨래방을 운영하는 경영자가 정말로 필요로 하는 수많은 기능이 갖추어져 있다. 각 점포의 매출 실적과 기기 고장 정보, 그리고 IC 카드(선불카드·포인트카드·회원카드 겸용) 이용 고객의 동향 분석 등이 그것이다. 이러한 일련의 서비스는 웹 브라우저를 통해 접속할 수 있기 때문에 전용 소프트웨어는 필요하지 않다. 또 데이터 수집 기능 이외에도 어떤 문제가 발생했을 경우에는 원격 조작을 통해서 점포에서 기다리고 있는 이용객에게 환불을 해줄 수 있는 기능도 있다.

점주는 이 기능들을 활용하여 기존에 파악하기 힘들었던 각 기기와 점포 전체의 세부적인 부분까지 관리할 수 있게 되었다. 게다가 정보를 주고받는 것은 모두 기계가 담당하기 때문에 체인점을 운영하는 등 점포와 기계의 수가 늘어나더라도 예전과는 비교도 할 수 없을 정도로 편안하게 전체의 내용을 파악할 수 있게 된 것이다.

또한, 인터넷을 경유하여 기기를 제어할 수 있기 때문에 직접 점포를 방문하는 빈도를 줄일 수 있다. 실제로 이 시스템을 활용하여 치바[도쿄와 맞닿아 있는 현, 홋카이도와는 800km 이상 떨어져 있다]에 거주하는 점주가 홋카이도에 있는 점포를 운영할 수 있게 되었다고 한다.

한편, 이용객 대상의 기능으로는 IC 카드 등록자에게 알림 서비스(세탁이나 건조가 종료되기 직전에 사용자에게 메시지 전송), 점포 내 기기의 가동 상황 확인(어느 점포의 어느 세탁기·건조기가 비어 있는지를 브라우저에서 열람 가능) 등이 있다.

이러한 기능들은 이용객의 편리성을 높여주고 행동 추적이 가능한 IC 카드 회원 등록을 촉진시키게 된다. 그리고 점주 대상의 분석 기능과 결합하면 지금까지는 불가능했던 적극적인 판촉 활동을 할 수 있게 되는 것이다. 가령 비와 빨래방의 가동률은 연관성이 높기 때문에(비 오는 날이 계속되면 빨래방 이용객이 증가한다) 날씨와 가동률 데이터를 보면서 IC 카드 회원 대상으로 포인트 적립 이벤트를 시행할 수도 있다.

이러한 방법은 일반 소매점에서는 지극히 당연한 것일 수도 있지만, 점포 안에 아무도 없는 경우가 많아 사용자의 동향이나 특성을 파악하기 힘든 빨래방 비즈니스에서는 IoT의 도입으로 비로소 가능하게 된 접근 방법인 것이다.

현재 빨래방 시장에서는 국도 변에 대형 체인점을 오픈하는 등 과거에는 보기 힘들었던 움직임도 나타나고 있다고 한다. 많은 기계를 효율적으로 관리할 수 있고 멀리서도 운영할 수 있게 해주는 IoT 빨래방은 이와 같은 사업의 다양화를 더욱 촉진시키게 될 것이다.

'지금까지 구매한 것 중에서 가장 비싼 것은?'이라는 질문을 받는다면 많은 사람이 집이나 자동차라고 대답할 것이다.

둘 다 부피가 크고 제작하는 데 시간과 노력이 소요되며 여러 가지 기능을 필요로 하기 때문에 지급해야 할 대가는 클 수밖에 없다. 따라서 집은 임대, 자동차는 렌터카와 같이 이전부터 렌털 사업의 대상이었다.

하지만 최근 들어 렌터카 업계에 새로운 형태의 비즈니스가 등장했다. 바로 '카 셰어링'이다. 카 셰어링이란 말 그대로 자동차를 함께 쓰는 것을 의미하는데 사업상으로는 '서비스에 등록한 회원들이 특정 자동차를 공동으로 사용한다.'라고 정의되고 있다. 그렇다면 카 셰어링은 렌터카와 어떤 차이가 있을까. 일반적으로는 렌터카보다 극히 짧은 시간의 이용을 전제로 하며 하루나 반나절 단위가 아니라 분, 시간 단위로 대여하는 경우가 많다. 렌터카는 하루나 며칠 여행지 등을 돌아볼 때에 사용하는 경우가 많지만 카 셰어링은 장을 보거나 누군가를 데리러 가는 등 시내에서 단발적인 용건으로 사용하는 경우가 많다고 하면 이해가 쉬울 것이다.

또 카 셰어링과 렌터카에는 큰 차이점이 한 가지 있다. 그것은 바로 자동차가 세워져 있는 장소이다. 렌터카는 직원이 상주하는 비교적 큰 시설 안에 자동차를 모아두고 그곳에서 차량의 인수와 반납 혹은 반납 후의 차량 점검 등을 시행한다. 한편, 카 셰어링의 경우에는 시내의 여러 장소에 스테이션(카 셰어링용 주차장)이 산재되어 있는데 그 규모도 자동차 몇 대만을 세울 수 있을 정도의 작은 곳일 경우가 많다(이것도 카 셰어링이 주로 시내에서 이용되는 경우가 많기 때문이다). 사용자는 스스로 스테이션을 찾아가서(표시 막대 등이 세워져 있다면 그것을 치운 후에) 차를 사용하거나 정차한다. 또 직원은 상주하지 않으며 정기적으로 순찰하면서 차량의 유지 보수를 시행한다.

이와 같이 카 셰어링에서는 관리할 차량이 분산되어 있으며 사람이 그 근처에 없는 경우가 많다. 일반적으로 생각하면 기업에서는 매우 관리하기 힘든 시스템이지만 IoT가 가지고 있는 특성을 이용한다면 여러 가지 문제들을 해결할 수 있게 된다.

시간제 주차장 사업으로 유명한 파크 24는 IoT를 활용한 카 셰어링 서비스를 시행하고 있는 기업 중의 하나이다. 그들이 시행하고 있는 '타임즈 카 플러스'는 2009년부터 시작된 서비스로서 사업 개시 이래 순조롭게 사업을 확대해 나가고 있다. 2015년 9월 말 현재 차량 대수 1만 2,972대, 스테이션 수 7,242곳, 회원 수 53만 7,522명을 기록하며 일본 최대 규모의 카 셰어링 서비스로 성장하고 있다.

파크 24는 주력 사업인 주차장 사업에서도 TONIC이라는 정보 네트

     IoT 비즈니스 모델 혁명

워크를 통해 각 지역의 주차장을 연결하여 24시간 관리 시스템을 운영해 왔다. 그러나 주차장 사업에서는 데이터의 출발점(주차장에 설치된 기계)이 자사의 단말기인데 비해 카 셰어링 서비스에서는 타사 제품인 '자동차'에서 데이터를 수집해야만 한다. 그 때문에 사업 확대를 위하여 자동차 제조사와 직접 협의를 통해 가능한 데이터의 수집과 자동차 제어의 범위를 넓혀 나가는 데에 힘을 쏟아 왔다.

그와 같은 노력 덕분에 타임즈 카 플러스에서 수집되는 데이터와 제공되는 서비스는 다양해질 수 있었지만 그것은 비단 차량의 효율적인 관리만을 위한 것은 아니다. 가령 사용자가 차량을 반납한 후에 차 안에 물건을 놓고 내린 것을 알게 되었을 경우에는 다음과 같은 대응이 가능하다.

타임즈 카 플러스의 회원이 되면 IC 카드 회원증이 발급된다. 그것을 사용할 자동차(PC나 휴대전화로 예약 가능)에 설치된 카드 리더기에 읽히면 문이 열리고 시동을 걸 수 있게 된다. 사용이 끝난 후에는 출발한 스테이션에 자동차를 반납하고 열쇠를 자동차 키박스에 꽂고 '반납' 위치로 맞춘다. 그리고 차에서 내려 다시 회원 카드로 문을 잠그면 1회의 이용이 종료된다(이용 요금은 월말에 신용카드로 청구된다).

한 번 문을 잠그게 되면 이용 권한이 종료되어 버리기 때문에 장을 본 꾸러미를 두고 내렸다고 해도 원칙적으로는 다시 문을 열 수 없게 되어 있다. 하지만 '분실물'에 대한 문의가 끊이지 않자 파크 24에서는 특별한 제어를 시행하기로 했다. 이제는 물건을 두고 내렸을 경우 반납 후 1시간 이내이며 다음 예약이 없을 경우에는 카드 리더기에 카드를 읽히면 다시 한 번 문을 열 수 있다.

렌털 사업에서는 사용자에게 소유권이 없기 때문에 불편을 겪게 되는 경우가 많을 수밖에 없다. 파크 24에서는 그런 불편함을 해소하고 대여한 물건을 보다 소유에 가까운 형태로 이용할 수 있게 하기 위하여 IoT를 활용하고 있는 것이다.

타임즈 카 플러스의 독특한 또 한 가지 특징은 TCP 프로그램이라고 하는 포인트 프로그램이다. 이것은 자동차의 운전 상황과 이용 후의 청소·급유 상황에 따라서 포인트가 적립되거나 혹은 깎이거나 하는 내용이다.

이 프로그램은 사용자의 이기적인 행동을 제어하기 위해서 마련되었다. 카 셰어링은 렌터카와 같이 자동차를 직원에게 반납하는 것이 아니기 때문에 사용자가 청결하게 사용하지 않는다면 관리 비용이 늘어나게 된다. 이에 파크 24에서는 IoT 기술을 사용하여 운전 데이터를 모으거나 회원들의 리뷰 기능(자동차를 빌렸을 때 청결한 상태였는지에 대하여 사용자가 그전의 사용자를 평가할 수 있다)을 활용하여 '포인트'라는 형태로 사용자의 행동을 가시화함으로써 그것이 '올바른 행동'을 촉진시키는 결과로 이어지도록 하고 있는 것이다.

IoT를 활용하여 사용자의 마음까지 움직이는 것, 렌털 비즈니스에 있어서 이와 같은 IoT의 의외의 활용법을 응용할 수 있는 분야는 많을 것이다.

셰어 비즈니스의 등장

앞에서 '타인이 소유하는 사물을 멋대로 대여할 수는 없다'고 했지만 '멋대로'가 아니라면 특별히 타인의 물건을 제삼자에게 대여할 수 없는 것은 아닐 것이다. 즉 빌려주는 사람과 빌리는 사람 사이에 합의가 이루어진다면 타인이 소유권을 가진 사물을 대여해 줘도 문제는 없다.

　　　　　　　　　　　　IoT 비즈니스 모델 혁명

그런 경우 사업자는 어떤 대가를 얻는 것일까?

한 가지 방법은 사물을 빌려줄 사람과 빌리고자 하는 사람, 이 둘을 연결하고 수수료를 받는 것이다.

말하기 쑥스럽지만, 필자의 집에는 턱시도가 있다. 무슨 생각이었는지 결혼식용으로 새로 맞추었던 것이다. 결혼식을 앞두고 들떠 있었기 때문이었던 것 같다. 이유야 어떻든 간에 입지 않는 턱시도가 옷장 속에서 잠자고 있다. 결혼식 이후로 체형도 많이 변했기 때문에 이제 다시 입을 기회는 없을 것이다. 이대로 내버려 두는 것도 아까우니 누군가에게 빌려 준다고 치자. 분명히 세상 어딘가에는 이 턱시도가 필요한 사람이 있을 것이다. 하지만 그런 사람을 어떻게 하면 찾아낼 수 있을까?

그래서 등장한 것이 앞서 이야기했던 빌려줄 사람과 빌리고자 하는 사람을 연결해 주는 중개업자이다. 그 사업자는 턱시도를 필요로 하는 사람을 찾아내어 필자에게 데려다 줄 것이다. 순조롭게 대여 계약을 맺은 후에는 필자가 턱시도 대여 행위의 당사자가 되고 빌리는 사람으로부터 사용료를 받을 수 있게 된다. 그리고 양자를 연결해 준 사업자에게 그 행위의 대가인 중개료를 지급하는 것이다.

이 경우 중개사업자의 행위는 '물건을 사용할 수 있는 상태로 만드는' 것에 해당될 것이다. 어떤 물건의 사용을 원하는 사용자에게 원하는 물건을 찾을 수 있는 접근 방법을 제공하기 때문이다.

[그림 9]의 'C. 셰어 비즈니스' 모델 안에서 사업자가 담당하는 것이 '사용 가능한 상태로 유지'에 한정되

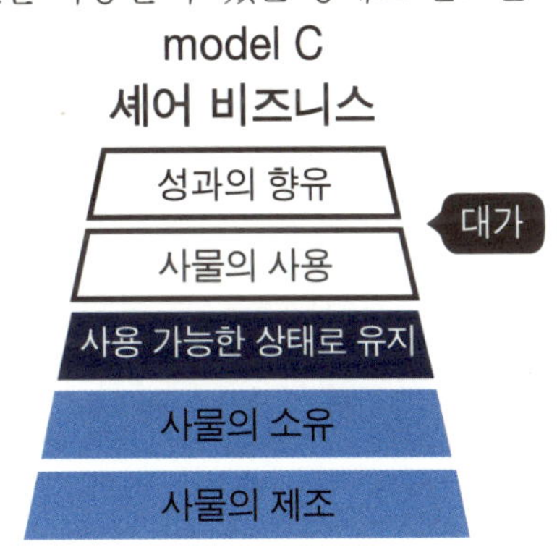

어 있는 것이 그 이유이다.

요즈음 이와 같이 '소비자 간에 사용하지 않는 물건·필요로 하는 물건을 주고받는' 행위가 유행하고 있는데 '셰어링 이코노미(공유 경제)'라는 단어가 생길 정도로 사회 현상으로까지 발전하고 있다. 그 배경에는 몇 가지 이유가 있지만 그중 하나가 인터넷에 의한 정보 공유 비용의 저하이다.

필자의 턱시도처럼 지금도 사용자들의 가정에는 사용하지 않는 수많은 물건이 잠자고 있다. 그것을 필요한 사람에게 빌려준다면 돈을 벌 수 있다는 것은 누구나 알고 있지만, 그렇게 할 수 없었던 이유는 정보가 부족했기 때문이다. 즉 빌리고 싶어 하는 사람이 어디에 있는지, 그 사람은 믿을 만한 사람인지, 그리고 빌리려는 사람은 대여할 물건이 제대로 된 품질과 성능을 유지하고 있는지 등 여러 가지 정보가 부족했기 때문에 사용자 개인의 힘으로 물건을 빌려주고 빌리는 것에 수반되는 불안과 수고가 너무 컸던 것이다.

하지만 인터넷의 등장으로 불특정 다수의 사람들 간에 정보를 공유하는 것이 이전과는 비교 되지 않을 정도로 편해지게 되었다. 또한, 사용자 간의 평가 시스템(빌려주는 사람과 빌리는 사람이 기대에 부응하는 행동을 했는지 평가하여 그것을 다른 사용자도 참고할 수 있게 하는 제도)이나 알고리즘에 기반을 둔 매칭 시스템 등 정보의 가시화와 공유를 촉진하는 시스템과 기술이 진화하고 있다. 그 결과 사용자들이 안심하고 '셰어'에 참여할 수 있는 공간이 인터넷상에 구축되었고 큰 인기를 얻게 되었다.

이러한 공간 중의 하나이며 셰어링 이코노미의 대표적인 기업으로서 자주 소개되는 것이 미국의 에어비앤비(Airbnb)이다. 이것은 소위 민박을 중개하는 서비스로서, 자택이나 빈방을 대여하고자 하는 사람(호스트)이

IoT 비즈니스 모델 혁명

유저 등록을 하고 물건에 대한 정보를 입력해 두면 빌리는 사람(게스트)으로부터 연락을 받게 되는 방식이다. 일반적인 호텔 예약 서비스처럼 물건에 대한 리뷰를 작성하거나 추천 기능을 활용할 수 있는 것 외에도 개인 간 경매 사이트처럼 빌려주는 사람과 빌리는 사람 양쪽에 대한 신뢰도 평가 기능이 마련되어 있다.

2008년에 서비스를 개시한 이래 에어비앤비는 '셰어'에 대한 관심에 힘입어 순조롭게 성장하고 있다. 회사의 공식 발표에 따르면 현재 세계 190개국 이상, 3만 4,000여 도시에 진출하여 누적 게스트 수는 6,000만 명 이상이라고 한다. 또한, 2015년의 매출액은 9억 달러를 돌파할 것으로 예상하고 있으며, 2020년에는 매출액 100억 달러 달성을 내다보고 있다.

에어비앤비의 성공에 고무되어 지금 다양한 분야에서 '에어비앤비 형태'의 셰어링 비즈니스를 전개하는 경우가 잇따르고 있다. 자전거와 자동차, 배, 원예용품, 교재 등 그 대상도 다양하다. 그 결과 셰어링 이코노미는 2025년까지 335억 엔(한화 약 3,600억 원 정도) 정도의 규모로 성장할 것으로 예측되고 있다.

 ## 셰어 비즈니스를 지원하는 IoT

이와 같이 셰어 비즈니스가 주목을 받고 있는 가운데 렌털 서비스와 마찬가지로 IoT가 그 진화를 촉진시킬 것으로 기대되고 있다.

제3장에서도 잠깐 언급한 바와 같이 그중의 하나가 원격 조작에 의한 사물의 관리이다. 개인 간의 대여 행위를 지원하는 것이 셰어 비즈니스의

사업자인데, 그들의 기본적인 역할은 신뢰할 수 있는(가능성이 높은) 빌려줄 사람·빌리는 사람을 소개해 주는 것뿐이다. 실제로 대여할 물건을 주고받을 때에는 당사자들이 수고와 위험을 부담해야 한다.

가령 에어비앤비처럼 빈방을 대여하는 경우에는 양자가 직접 열쇠를 건네주거나 반납할 필요가 있다. 만약 빌리는 사람의 실수로 열쇠를 잃어버렸을 경우에는 다시 현장으로 가서 해결을 해야만 한다. 최악의 경우에는 빌리는 사람이 열쇠를 복제하여 나중에 그 집에 몰래 들어가는 경우도 발생할 수 있다.

제3장에서 소개한 아케룬은 이 문제를 해결하기 위해 '자물쇠 + IoT'라는 시스템을 만들어 열쇠 자체를 없애 버리는 것으로 대응했다. 동일한 발상으로 IoT를 접목시켜 나간다면 다양한 사물을 대상으로 한 셰어링 서비스를 보다 쉽게 시행할 수 있을 것이다.

자전거용 금속 자물쇠 '스카이락(skylock)'은 자전거 버전의 아케룬이라고 할 수 있는 제품이다. 이것은 샌프란시스코에 거점을 둔 벨로랩(Velo Labs)이 개발한 자물쇠로서 2015년 말에 출시되었다. 형태는 일반적인 U자형의 자전거용 자물쇠인데 블루투스 통신 기능이 있어서 자신의 스마트폰으로 열 수 있다. 또 전용 애플리케이션을 사용하여, 자전거에 가까이 가기만 해도 자물쇠가 열리는 '키 레스 엔트리' 기능도 가지고 있다. 그리고 모션 센서가 내장되어 자전거의 움직임을 파악해 도난 가능성을 스마트폰으로 알려 주거나 사고에 의한 충격을 감지하여 자동으로 비상 연락처에 연락을 취하는 기능도 있다.

이미 짐작하고 있을 수도 있겠지만 스카이락에는 '친구와 자전거를 셰어하는' 기능도 들어 있다. 보다 정확하게 말하자면 스마트폰의 애플리케이션을 통해서 키 코드, 즉 가상 열쇠를 공유하여 주인이 미리 정해 둔 사람이 자물쇠를 해제할 수 있게(그리고 자전거를 사용할 수 있게) 해주는 것이다. 아케룬과 마찬가지로 열쇠는 디지털상에서 존재하기 때문에 직접 열쇠를 주고받을 필요가 없다. 또, 대여 기간이 끝나면 애플리케이션을 통해 그 사람에 대한 권한을 해제하기만 하면 된다. 자전거도 셰어링 서비스의 대상으로 자주 등장하는 사물인데 스카이락을 이용하면 보다 간단하게 셰어할 수 있게 되는 것이다.

또 하나의 자전거용 IoT 제품으로서 '커넥티드 사이클 페달'이라는 것이 있다. 이것은 개인이 자신의 신제품이나 아이디어를 실현시키기 위해 펀딩을 모집하는 사이트인 '인디 고고'에서 발표된 제품으로서 말 그대로 자전거를 움직이는 페달 부분을 IoT화한 것이다. 페달 내부에는 GPS와 3G 통신장치가 내장되어 있으며 자전거가 움직일 때의 힘으로 전기를 발생시켜 이 장치에 전력을 공급하는 구조로 되어 있다.

물론 이 페달은 자전거를 탈 때에 자동으로 그 주행 루트를 기록해 주는데, 만약 자전거가 도난당할 경우에는 그 장소를 알아내는 위치 추적 장치로도 쓸 수 있다. 또 그 자전거를 타인에게 대여할 경우 시간 단위 대여가 아니라 주행거리나 'A 지점에서 B 지점까지'와 같은 조건으로 대여할 수도 있다. 이 페달을 스카이락과 함께 사용한다면 개인이라 할지라도 기업에 버금가는 효율과 안전성으로 자전거 셰어링을 할 수 있게 되는 것이다.

이처럼 IoT화된 제품을 활용한다면 개인이라도 대여하는 물건을 손쉽게 관리할 수 있게 된다. 파손이나 도난, 분실과 같은 위험 요소가 완벽히 없어지지는 않겠지만 과거에 비하여 그 부담을 큰 폭으로 줄일 수 있을 것이다. 셰어링 서비스를 제공하는 사업자 중에는 자신들이 직접 IoT 제품을 개발하고 활용할 것을 검토 중인 곳도 있어서 양쪽에서 서로의 보급을 촉진시키는 상황이 발생할지도 모르는 일이다.

'성과를 제공한다'는 발상

IoT가 렌털과 셰어 비즈니스에 큰 공헌을 하고 있는 것이 또 한 가지 있다. 그것은 바로 공유하는 사물에 대한 제어의 고도화이다. 제2장에서 설명한 바와 같이 IoT는 멀리 떨어진 장소에 있는 사물로부터 정보를 얻는다는 개념일 뿐 아니라 반대로 떨어진 장소에 있는 사물에 대하여 지금까지 불가능했던 제어를 할 수 있는 개념이기도 하다. 이 점을 활용함으로써 렌털이라는 긴 역사를 가진 비즈니스에 완전히 새로운 국면이 펼쳐지려 하고 있다.

셰어 비즈니스에서 대여해 주는 물건의 소유자가 감안해야 하는 가장 큰 위험 요소 중 하나는 물건을 대여한 후에 반납되지 않는 것이다. 한 달 후에 반납하기로 하고 선불로 빌린 당나귀라 하더라도 그대로 반납하지 않으면 빌린 사람은 계속 당나귀를 이용할 수 있다(건강하게 계속 움직여 주는 한). 당나귀가 '요금을 한 달 치만 받았으니 일은 이제 그만하자.'라는 똑똑한 판단을 할 수는 없다.

하지만 IoT 기술을 이용한다면 지금 예로 든 것과 같은 상황이 실현될 수 있다. 요금이 지급되지 않았거나 계약 내용 이외의 사용을 한 경우에는 그 상황을 파악하여 원격에서 그 사물의 동작을 정지시켜 버릴 수 있다. 켜고 끄는 것 이외에도 세세한 기능까지 제어할 수 있다면 지급된 금액에 맞추어 단계적으로 기능을 조절할 수도 있을 것이다.

사용자에게서 '사물의 사용'이라는 과정을 빼앗는 행위를 더 긍정적으로 생각할 수도 있다.

에어컨의 사례를 생각해 보자. 우리들이 에어컨을 사용하는 이유는 무엇일까? 즉 어떤 성과를 향유하기 원하는 것일까? '에어컨을 조작하는 것 자체에서 즐거움을 느낀다'는 사람이 있을지도 모르겠지만, 그것은 극히 특수한 경우이다. 일반적으로는 실내를 쾌적한 온도로 유지하거나, 온도가 품질에 큰 영향을 끼치는 물건을 이상적인 상태로 유지하는 것 등이 사용자가 추구하는 '성과'라고 말할 수 있다.

결국, 셰어 비즈니스에서 사용자가 지급하고 있는 것은 그 성과를 얻기 위한 '행위'에 대한 대가에 지나지 않는다. 이것은 그 행위에 필요한 '도구'의 소유권을 획득한다는 단계에 비하면 '성과'라는 목표에 더 가까이 다가가 있지만 아직 성과 그 자체에는 도달하지 못한 상태이다. 하지만 '실내 온도를 쾌적하게 유지한다'는 성과 자체에 대한 대가를 지급할 수 있다면 사용자의 입장에서는 보다 바람직한 상태가 되는 것이다. 그것이 바로 [그림 9]에서 제시한 'D. 성과형 서비스'이다.

이 그림에서는 일단 '사물의 제조'부터 '사용 가능한 상태로 유지'까지를 제삼자가 담당하는 것으로 표현했지만 성과형 서비스의 사업자가 담당해도 아무 문제는 없다. 오히려 지금은 IoT 제품과 그것을 제어하는 시스템이 존재하지 않는 경우가 많기 때문에 성과형 서비스의 사업자가 담당하는 경우가 일반적이다. 하지만 여기서 주목해야 할 것은 그들이 '사물의 사용'이라는 단계에 주목하여 그로부터 성과를 창출해 내는 것으로 대가를 받고 있다는 점이다.

지금까지는 서비스 사업자가 사용자가 있는 곳을 일일이 방문하여 그곳에서 사물을 조작하는 것은 불가

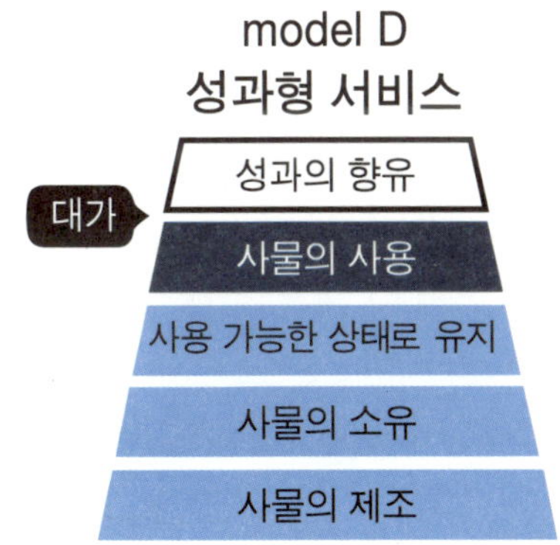

능했다. 가령 '과일을 최적의 상태로 유지하기 위해 필요한 공조 제어'의 전문가가 있다고 하더라도 그 전문가가 일일이 사용자에게 가서 에어컨을 조작해 주는 서비스는 비현실적이다. 하지만 IoT 시스템을 이용한다면 이와 동일한 서비스를 가상 공간에서 실현할 수 있다.

이처럼 IoT를 활용하여 '사물을 이용한 만큼'이 아니라 '사물을 이용하는 목적이 달성된 만큼' 요금을 지급하는 방식의 성과형 서비스가 실제로 등장하고 있다. 그 사례를 알아보도록 하자.

공기와 빛을 판매하는 비즈니스

컴프레서(압축기)라는 기계가 있다. 이것은 기체를 압축하여 내보내는 장치로써 냉동기나 에어컨, 제습기 등 다양한 용도에 쓰이고 있다. 이 컴프레서의 제조사로 유명한 곳이 독일의 케져 컴프레서이다. 1919년 설립되어 현재는 세계 100개국 이상의 나라에 판매망을 구축하고 5,000명 이상의 직원이 근무하고 있는 기업으로 성장했다.

이 회사가 새롭게 시작한 것이 '컴프레서가 아닌 압축 공기를 판매한다'는 혁신적인 서비스인 '시그마 에어 유틸리티(Sigma Air Utility)'이다. 지금까지 케져의 사업 내용은 컴프레서를 제조·판매·설치하고 필요할 경우에 애프터서비스를 시행하는 등 일반적인 제조사와 다를 바가 없었다. 그러나 그들은 다른 대기업과의 차별화를 위해서 고객이 더 쉽게 컴프레서를 이용할 수 있는 모델을 검토했다. 그 결과 컴프레서 그 자체가 아니라 컴프레서가 만들어 내는 '압축 공기'의 생산량에 따라 과금하는 서비스를 개발한 것이다.

시그마 에어 유틸리티를 계약한 고객사는 컴프레서를 구매한 것과 동일한 형태로 이 설비를 이용할 수 있게 된다. 하지만 그 회사에서 컴프레서를 소유하는 것이 아니기 때문에 설치하는 설비의 설계나 도입 등에 대한 초기 투자가 필요 없으며, 또 유지 보수에 필요한 작업이나 비용을 부담할 필요도 전혀 없다. 컴프레서를 사용하여 얼마만큼의 압축 공기가 생산되었는지를 계측하여 그에 대한 요금만이 청구된다.

여기서 주목해야 할 점은 이 청구 기준이 '얼마나 컴프레서를 사용했는가?'가 아니라 어디까지나 '압축 공기가 얼마나 생산되었는가?'라는 점이다. 고객은 컴프레서를 이용하여 무엇을 하고 싶은가 하는 성과에 주목한 요금 체계인 것이다. 그 결과 아무리 컴프레서를 장시간 사용했더라도 정상적인 압축 공기를 생산할 수 없었을 경우에는 그 고객은 요금을 전혀 지급할 필요가 없다. 반대로 케져 입장에서는 컴프레서가 최상의 상태로 가동되고 효율적으로 압축 공기를 생산해낼 수 있다면 그만큼 이익률을 높일 수 있게 된다.

케져에서는 자사의 컴프레서로부터 가동 상황에 대한 데이터를 수집하는 시스템을 갖추고 전 세계에서 모인 데이터를 시행간으로 해석하여 고장의 조짐을 파악하고 있다. 이를 활용하여 기기를 최상의 상태로 유지한다면 시그마 에어 유틸리티에도 공헌할 수 있게 되는 것이다. 이처럼 케져는 IoT를 이중으로 활용하여 새로운 비즈니스 모델을 실현시키고 있다.

또 이 책의 '들어가며'에서 소개했던 필립스 또한 IoT LED 전구인 휴를 이용한 성과형 서비스의 시행을 검토하고 있다.

전구를 사용하는 사람들이 원하는 것은 무엇일까? 한 가지 생각할 수 있는 것은 빛 그리고 그로 인해 얻어지는 밝은 공간이다. 그렇다면 전구를 판매하는 것으로 끝이 아니라, 누군가가 그것을 제어하여 유저가 원하는 장소에 항상 밝은 공간이 존재할 수 있도록 하는 것이 궁극적인 서비스의 모습일 것이다.

필립스는 이 서비스를 지방자치단체에 제공하는 것을 검토 중이다. 해당 도시의 가로등을 휴로 교체하여 빛을 제어하는 것이다. 그렇게 되면 일정한 시간에 모든 가로등을 일제히 점등하는 방법이 아닌 각 장소의 밝기에 맞추어 빛의 양을 조절하는 등 보다 적절하고 효율적인 가로등 관리가 가능하게 될 것이다. 또한, 고장을 조기에 발견하여 '어두운 공간'이 생기기 전에 문제를 해결하고 밝은 공간이라는 성과를 지속적으로 제공할 수 있다.

도시를 구성하는 사물을 제공하는 회사들 모두가 필립스처럼 최종적으로는 도시 기능의 관리에 뛰어들 것인가. 그렇다고 단정할 수는 없지만 IoT 진화의 보급은 성과형 서비스로의 진입 장벽을 분명히 낮추어 줄 것이다. 그리고 성과라는 부가가치를 판매하는 서비스는 단순히 사물을 판매하는 것보다 지속적이며 높은 이익을 창출하는 비즈니스를 실현할 수 있는 가능성이 있다. IoT 제품을 취급하는 많은 기업이 '사물이 아닌 성과를 판매하는 것'에 대하여 긍정적으로 검토하게 될지도 모르는 일이다.

Company 04 파크 24 주식회사 Park24

타임즈24 주식회사 파크 24 주식회사
타임즈 카 플러스 사업부 업무추진본부
사업부장 부본부장 겸 기술개발부장
우츠츠 모토하루 씨 이와노부 타이지 씨

Q 타임즈 카 플러스 사업은 순조롭게 그 규모가 확장되고 있습니다만, 그뿐만이 아니라 '차 안에 물건을 두고 내려도 다시 한 번 문을 열 수 있도록 하는' 것처럼 기술보다는 고객의 니즈를 고려하여 기능을 개선하고 있다는 인상을 받았습니다. 신기능의 추가나 기존 기능의 개선을 검토할 때 기술과 비즈니스의 균형을 어떻게 고려하고 계신 건가요?

이와노부 사업 운영 부문과 시스템 개발 부문의 의견이 일치하지 않는 것은 어느 회사에서나 벌어지는 일입니다. 저는 기술 부문을 맡고 있는데 사업 부문 쪽에서 '이런 것을 하고 싶은데 스마트폰이라면 가능하겠죠?'라고 천진난만한 질문을 받는 경우도 있습니다. 하지만 그것을 잠자코 듣기만 한다면 외주처와 다를 바가 없기 때문에 회사에서는 외주로 돌려도 되겠다는 생각을 하게 됩니다. 따라서 개발자는 사업 담당자에게 기술과 관련한 의견을 내고 또 사업 담당자도 '이것을 실현시키려면 이런 기술적인 과제를 해결해야 한다'는 것을 이해하여 서로 절충할 수 있는 관계를 위해 노력하고 있습니다.

그렇게 되기 위해서는 기술자도 실제로 서비스를 이용해 보고 현장을 알아야 한다고 생각합니다. 현장을 모른다면 사업 부문에서 요청이 왔을 때 '그 부분은 필요 없지 않은가?'라고 말할 수 없게 됩니다. 하지만 내용을 파악하고 있다면 '그것은 필요하지만 기술적인 문제가 있으니 이렇게 아날로그 방식으로 대처하는 것은 어떻겠는가?'라는 협의를 할 수가 있습니다. 따라서 기술 담당자들에게는 야근이나 주말 근무를 할 것이 아니라 그 시간에 자사 서비스를 직접 사용해 보거나 시장에 나가서 타사 서비스를 이용해 보는 것이 매우 중요하다고 조언하고 있습니다. 그런 경험을 통해 기술 담당자들의 관점이 바뀌고 고객이 진정으로 원하는 기능이 무엇인지 생각할 수 있게 되는 것이죠.

우츠츠 사업본부 쪽에서 기술본부와의 원활한 커뮤니케이션을 위해 노력하는 점은 '이 기능을 만들어 달라'는 식으로 말하지 않는 것입니다. 그렇게만 전달해 버린다면 제작 담당은 그 기능이 무엇에 도움이 되는지 잘 모르게 됩니다. 그런 일을 방지하기 위해 언제나 전후 사정을 설명할 수 있도록 노력하고 있습니다. 건물에 비유를 하자면 '문을 만들어 주세요!'라고 의뢰하는 것이 아니라 전체 설계도를 보여주고 어떤 건물을 지으려고 하는지 디자인은 어떤 느낌이고 무슨 목적을 가진 건물인지를 설명한 후 그래서 이런 문이 필요하다고 의뢰하는 방법입니다.

이런 식으로 전달한다면 기술자 쪽에서도 전체의 그림을 볼 수가 있기 때문에 사업 부문과 기술 부문이 같은 방향으로 나아갈 수 있습니다. 그 결과 기술자는 '주문받은 것을 만들기만 하는 사람'에서 '기술을 책임지는 영업 담당'과 같은 존재가 되어 오히려 사업부 쪽에 다양한 제안을 해주게 됩니다. '일전에 이런 의뢰를 받았는데 전체의 흐름을 생각하면 이런 방법이 좋지 않을까.'처럼 말이죠. 실제로 개발 내용이나 순서를 변경하는 회의는 빈번하게 진행되고 있습니다.

Q 서비스를 운영하다 보면 매일 여러 가지 문제가 발생할 것 같은데, 그중에서 우선적으로 대응해야 할 것과 그렇지 않은 것을 어떻게 판단하시는지요?

우츠츠 앞서 말씀드린 것처럼 시스템 담당이 먼저 의견을 내는 것이 아니라 고객의 의견에 대응하는 것에서부터 시작됩니다. 기업이 할 수 있는 것과 고객이 원하는 것 사이에는 많은 차이점이 있다는 것을 느낍니다. 우리들이 '이런 시스템을 만들자!'라고 하여 그것을 고객에게 강매하는 상황만은 피하고 싶은 것이죠.

저는 타임즈 카 플러스를 시작할 때 '가깝고 편리하며 저렴한', 이 세 가지 컨셉트를 생각했습니다. 이 세 가지를 우리 서비스 안에서 실현하려고 합니다만, 그 반대편에 있는 것은 '멀고 불편하고 아까운' 상태로서 실제로 이런 내용들이 고객의 의견으로 접수되고 있습니다. 고객으로부터 '이 회사의 서비스가 좋다'는 의견이 들어오는 경우

　　　　　　　　　　　　　　　　　　IoT 비즈니스 모델 혁명

는 그렇게 많지는 않지만, '좋지 않다'는 의견을 해결해 나간다면 '좋다'로 바뀔 것이라고 믿고 있습니다. 따라서 '최선을 다해 '좋지 않다'를 해결해 나가자'는 자세로 임하고 있습니다.

이와노부 콜센터로 걸려오는 전화는 모두 기록을 남기고 있는데 실로 방대한 양입니다. 그것 전부에 모두 대응하려 한다면 아무리 직원이 많아도 부족하겠지요. 따라서 문제를 해결하기 위해 서비스 현장에서의 작업 공정수가 크게 줄어들 수 있는 것을 우선적으로 해결하고 있습니다. 가령 현재는 해결이 완료된 것이지만 '고객이 차 안에 ETC 카드(일본의 고속도로 통행료 후불 카드)를 놓고 내리는' 경우가 있습니다.

이 문제가 발생하면 그 주인에게 카드를 전달하는 데 번거로운 절차가 많으며, 그 대응에 많은 시간이 허비됩니다. 개발 쪽에서는 이런 상황을 잘 모르지만 콜센터 쪽에서는 가장 우선적으로 해결해야 할 과제입니다. 이 문제를 해결하기 위해 지금은 일정 속도 이상으로 주행한 자동차에 대해 '고속도로를 주행했을 가능성이 높다'고 보고 그 경우에만 차량 반납 시에 'ETC 카드'라고 음성 안내가 다섯 번 나오도록 했습니다. 그 결과 이 문제와 관련한 상담 전화가 10% 이하로 줄어들어 업무 부담을 큰 폭으로 낮출 수 있게 되었습니다. 이것은 IoT 기술의 좋은 활용 사례라고 생각합니다.

우츠츠 차량 가동률과 관련된 문제도 우선적으로 대응하고 있습니다. '차 안이 더럽다.', '쓰레기가 있다.', '연료가 없다.' 등이 가동률에 직결되는 문제이며 고객의 불만 사항으로 접수되는 경우가 많습니다.

차내의 청결 문제에 관해서는 과거에는 고객에게 '청결하게 사용해 주십시오.'라는 부탁 메일을 보내서 대응했습니다. 하지만 그런 정도의 대응이라면 사업자가 문제 해결을 위해 아무런 고민도 하지 않는 것과 마찬가지라고 할 수 있겠지요. '부탁'만 하는 것이니까요. 하지만 직원이 있는 영업소에 차량을 반납하는 렌터카와는 달리 카 셰어링의 경우에는 무인 스테이션에 반납하게 됩니다. 물론 당사의 직원이 정기적으로 청소와 점검을 시행하고는 있지만 주유나 차 내의 청소는 어쩔 수 없이 고객의 몫으로 돌아가는 경우가 많이 있습니다. 그런 의미에서 카 셰어링은 인간의 성선설을 바탕으로 한 비즈니스라고 생각합니다. 따라서 도덕성이라는 것을 시스템적으로 키워나가자는 취지에서 시작한 것이 'TCP(타임즈 카 플러스) 프로그램'입니다.

저희는 '도덕성은 후천적으로 만들어질 수 있다'고 생각합니다. 인간은 칭찬을 받으면 기분이 좋아지지요. 그래서 차량을 깨끗하게 사용하면 다음에 그 차에 탄 고객이 '깨끗하네요.'라고 전 사용자를 평가해 주는 인터넷 경매의 평가 시스템과 비슷한 기능을 만들었습니다. 다음 사용자가 '깨끗하네요.'라고 평가를 해주면 평가받은 사람과 평가한 사람 모두에게 포인트가 적립되는 구조입니다. 또 도덕성에 문제가 있는 사람 예를 들어 사고를 내거나 다음 차례의 예약이 있는데 차를 반납하지 않는 등의 행위를 하는 사람의 경우에는 포인트를 깎고 있습니다. 이것은 일반적인 포인트 프로그램과 크게 차이가 나는 점입니다.

Q 파크 24에서는 주차장 사업에서도 데이터를 수집해 왔기 때문에 전부터 노하우를 가지고 있었을 수도 있겠지만, 사물에서 데이터를 모은다는 점에 있어서 예상했던 것과는 다른 부분이 있었다면 무엇인가요?

이와노부 주차장과 카 셰어링을 분리하여 말씀드리자면, 주차장의 경우에는 요금 정산기와 시스템을 연결하기만 하면 되기 때문에 구조는 비교적 간단합니다. 하지만 카 셰어링의 경우, 사실 자동차가 모두 IT화되어 있지는 않습니다. 최근 몇 년 사이에 급속히 바뀌고는 있지만 아직 많이 부족한 상황입니다.

따라서 원하는 서비스를 실현시키기 위해서 아날로그 신호선 속의 전기 신호를 어떻게 잡아낼 것인지를 생각해야 하는 경우도 있습니다. 자동차의 구성 요소 중 일부는 IT화되어 있지만 그런 부분부터 활용한다고 하지도 못합니다. 따라서 어떤 데이터가 있는지를 생각하기보다는 '이 전기 신호를 잡아낼 수 있다면 이런 것들이 가능해진다.'라는 예상을 하고 자동차 제조사와 협의를 하게 됩니다. 가령 타임즈 카 플러스의 차량은 카드를 대면 문이 열리게 되어 있습니다. 이 기능을 생각했을 때도 '리모컨으로 문을 열 수 있으니 어떤 신호를 보낼 수 있다면 분명히 카드로도 열 수 있을 것이다.'라고 생각하여 제조사 쪽과 상의를 했습니다.

하지만 자동차 회사 쪽에 '이런 서비스를 시행할 예정이니 이런 데이터를 수집하고자 한다.'라고 이야기해도 바로 '네 알겠습니다.'라는 대답이 돌아오지는 않습니다. 자동차 회사에 있어서 카 셰어링은 경쟁 상대라고도 할 수 있는데 초기에는 '자동차 판매에 방해가 될 것이다.'라는 이유로 거부를 당하기도 했습니다. '카 셰어링 사업을 하기 위해서

IoT 비즈니스 모델 혁명

앞으로 많은 자동차를 구매할 예정'이라고 법인 영업 담당자를 설득해서 조금씩 관계를 구축해 나간 것입니다.

자동차 회사와의 관계 구축과 관련해서는 다른 일화도 있습니다. 요즘 젊은이들이 자동차를 구매하려 하지 않는 경향이 있는데 사실 카 셰어링을 통해 자동차를 이용하면서 '차를 사고 싶다'고 생각하게 되는 경우가 있습니다. 고객 대상의 설문조사를 통해 그런 내용을 정리하여 '카 셰어링을 판매 채널 중의 하나로서 생각해 달라'고 자동차 회사에 제안했던 일도 있었습니다. 이렇게 해서 카 셰어링에 대한 인식을 개선해 나가면 아까 말씀드린 '자동차의 IT화'를 위한 협의가 쉬워지는 것이죠.

Q 매일 수집되는 데이터를 분석하여 그로부터 유저의 경향을 파악하고 이를 바탕으로 하여 유저 대응을 수정하는 경우도 있습니까?

이와노부 현재의 포인트 프로그램 안에서는 급브레이크와 급가속·감속을 체크하여 그 데이터를 활용하고 있습니다. 급가속·감속의 횟수를 회원에게 메일로 안내하고 일정 횟수 이상의 급브레이크나 급가속·감속을 하지 않을 경우에는 포인트를 제공하는 방법입니다. 또 급브레이크나 급가속·감속을 할 경우에 내비게이션에 메시지를 띄워 그 사실을 전달하고 있습니다. 그 결과 TCP 프로그램을 도입한 후 운전 중에 급가속을 하지 않은 비율이 약 17포인트 증가했고 급감속 또한 약 5포인트 정도 줄어들게 되었습니다.

우츠츠 그리고 법인 고객에게는 관리자, 즉 직원의 안전 운전에 신경을 써야 하는 분들에게 운전 상황 데이터를 제공하고 있습니다. 이것이 '직원 파악'에 도움이 된다고 하여 매우 좋은 평가를 얻고 있습니다. 어떤 법인이라도 교통사고와 위험 운전을 줄이기 위해서 많은 노력을 기울이고 있으니까요. 또 카 셰어링을 이용하게 되면 어느 지점까지는 전철로 이동하고 그 후에 자동차를 사용하는 '레일&카 셰어' 형태가 가능해지기 때문에 장거리 운전을 피할 수도 있습니다.

Q 서비스를 계속 운영하다 보면 점점 데이터가 늘어나서 '데이터의 홍수'에 파묻힐 위험도 있을 것 같습니다. 이 점에 대해서는 어떤 해결 방법을 가지고 계신가요?

이와노부 그 점에 대해서는 처음부터 인식하고 있었기 때문에 다양한 고민을 해왔습니다만 앞서 말씀드린 법인 대상 서비스의 경우, 법인 영업 중에 고객으로부터 '우리 직원은 사고를 많이 내서……'라는 이야기를 듣게 된 것이 서비스 시작의 계기가 되었습니다. '그렇다면 우리가 가지고 있는 데이터를 활용할 수 있겠다'는 생각에 도달하여 그 전까지는 그 데이터를 폐기했지만 오히려 더 자세하게 보완하자거나 그것이 정말 중요하다면 IT 인프라를 확충하자는 식으로 발전이 되었습니다. 그 확충으로 인해 결과적으로 법인 고객이 늘어난다면 투자 대비 효과를 얻을 수 있게 되는 것이죠. 이런 선순환을 만들어 내는 것이 중요합니다.

우츠츠 이 점은 일관성 있게 진행하고 있습니다만 법인도 개인도 고객입니다. 즉 '고객의 의견'에서 서비스를 만드는 것이죠. 양동이 속에 있는 데이터를 정리하여 걸러낸 부분으로 서비스를 만들지는 않습니다. 이것은 정말로 주의하고 있는 부분입니다.

Q 서비스 개시로부터 6년 만에 흑자로 전환되었는데 신기술을 활용하면서도 실험 수준에 머물지 않고 흑자를 달성할 수 있었던 최대의 이유는 무엇인가요?

우츠츠 처음부터 회사 차원에서 '이 서비스를 반드시 교통 인프라로 만들겠다.'라는 확고한 신념을 가지고 있었기 때문이라고 생각합니다. 여기서 인프라란 '준비'를 의미합니다. 이 사업은 닭이 먼저냐 달걀이 먼저냐의 고민에 빠지기 쉬운데 자동차를 준비해야만 비로소 고객이 모일 수 있으므로 먼저 충분히 준비하지 않으면 고객이 증가할 수 없습니다.

따라서 막대한 금액의 선행 투자가 필요합니다만, 그렇게 되면 지속적으로 준비 비용이 투입되기 때문에 흑자를 내기가 어려워집니다. 반대로 흑자 전환을 위한 방법은 매우 간단합니다. 준비를 멈추면 금새 흑자가 되는데 그렇게 해서는 인프라로 만들 수 없습니다. '교통 인프라로 만들겠다'는 강한 의지가 있었기 때문에 실적이 저조했던 시기도 긍정적으로 생각할 수 있었고 준비를 확대해 나갈 수 있었습니다. 실험으로만 끝나지 않게 하기 위해서는 이와 같은 '강한 의지'가 필요한 것이 아닐까요?

이와노부 또 저희의 경우에는 타임즈라는 주차장 사업을 이미 운영하고 있었던 부분도 컸다고 생각합니다. 초반에 회원이 갑자기 증가했던 때가 있었는데, 그 이유는 타임즈 주차장에 자동차를 준비하고 그곳에 '깃발'을 세웠기 때문입니다. 이것은 우츠

IoT 비즈니스 모델 혁명

츠씨가 낸 아이디어였는데 이곳저곳에 깃발을 세우고 '여기에서 자동차를 빌릴 수 있다.'라고 안내했던 것이죠. 고객이 길을 걷다가 한 군데에서 깃발을 본다면 잊어버릴 수도 있겠지만 두 군데 세 군데 계속해서 눈에 띈다면 잊어버리지 않을 것이라고요.

그 결과 카 셰어링에 대한 인지도가 올라간 것이 큰 역할을 했던 것으로 생각됩니다.

우츠츠 이미 외국에서는 집카(ZIPCAR)라는 카 셰어링 서비스가 성공을 거두고 있습니다. 집카 회장이 인터뷰에서 '고객은 집카의 회원이 되기까지 평균 15회 집카와 접촉하고 있다.'라고 말하는 것을 듣고 '아, 15번 보여주면 되겠구나.'라고요(웃음). 그래서 깃발을 많이 세워두면 그중에 15번은 보겠지라고 생각한 것입니다.

신규 사업이 실패하는 경우의 특징은 피저빌리티 스터디(feasibility study, 실행 가능성 조사)로서 시작하는 경우가 많다는 것입니다. 그렇게 해서는 무엇을 하더라도 테스트가 되어 버리기 쉽습니다. 타임즈 카 플러스 사업은 처음부터 피저빌리티 스터디가 아닌 '사업'으로 시작했습니다. 그 부분이 크게 다르다고 생각합니다.

이와노부 사업 초반에는 어디를 공략하면 될지 파악하기 어렵습니다. 그래서 처음에는 도쿄의 토요스 같이 특징 있는 지역 몇 군데에 배치하고 어디가 잘 될지를 관찰했습니다. 그러자 '의외로 고층 맨션이 있는 지역에서 잘 된다'는 결과가 나왔습니다. 그렇게 되면 비슷한 특징을 가진 다른 지역에서도 추진할 수 있게 됩니다. 최종적으로는 넓은 지역에서 추진하는 것이 목표이지만 처음에 실패하면 사업이 끝나 버릴 수 있기 때문에 첫 번째, 두 번째, 세 번째 이렇게 경험을 살려나가는 것입니다.

고객의 의견도 큰 도움이 됩니다. 설문조사를 해보면 역시 '집 근처에 스테이션이 있었으면 좋겠다'는 의견이 1위인데, 재미있게도 '역 근처에 있었으면 좋겠다'는 의견이 2위입니다. 사실 역은 큰 잠재성을 가지고 있습니다. 가령 토치기 현 우츠노미야에 스테이션을 설치하니 갑자기 가동률이 높아졌습니다. 우츠노미야에는 공업단지가 많이 있는데 그곳까지 기차로 온 사람들이 역에서 택시나 렌터카를 이용하여 공장을 돌아보는 경우가 많았습니다. 거기에 카 셰어링이 합세한 것이죠. 데이터를 보니 평일은 대부분 이용되고 있었고 빌리는 사람들은 도쿄에 있는 법인들이었습니다.

우츠츠 이것도 IoT로부터 파악할 수 있었던 데이터입니다. 카 셰어링은 스테이션 근처에 살고 있는 사람만 이용한다고 생각하기 쉽지만 이런 경우도 있었던 것입니다.

우츠노미야의 경우에는 아까 말했던 깃발을 세워도 근처의 주민들에게는 아무 영향을 주지 못합니다. 하지만 빌리는 사람의 데이터를 보면 도쿄에서 방문한 사람이라는 것을 알 수 있죠. 게다가 어떤 업종에 종사하는 사람인지도 알 수 있습니다. 이것이 바로 IoT에서 얻어진 정보입니다. 이 정보를 이용하면 비슷한 업종의 기업에 우리 영업 담당이 접근할 수도 있게 됩니다. IoT 데이터를 마케팅에 활용하는 것이죠. 이것은 중요하면서도 재미있는 점입니다. 고객 상담을 진행해 보면 '우리가 필요로 하고 있다는 것을 잘도 아셨네요.', '이런 제안을 기다리고 있었습니다.'라는 반응이 나올 때도 있습니다.

한편, 흑자화라는 점에서는 또 한 가지 중요한 요소가 있습니다. 이것은 후지필름이 필름 사업에서 화장품 사업으로 전환했을 때 시행했던 것으로 유명한 이야기인데 '자신들이 할 수 있을까?', '해야만 하는가?', '하고 싶은가?' 이 세 가지 점을 가지고 계속 검토했다고 합니다. 이 점은 정말 중요하다고 생각합니다. 저희 타임즈 카 플러스 사업으로 생각해 보면 '자신들이 할 수 있을까?'라는 점은 주차장 사업이 있으니 '할 수 있을 것 같다.'로 결론지었습니다.

'해야만 하는가?'라는 점은 '새로운 교통 인프라를 정비한다'는 회사 차원의 강한 의지가 있었기 때문에 해야만 한다고 생각했습니다. 그리고 마지막으로 '하고 싶다'는 생각도 있었습니다. 이 점이 없다면 아무리 사업을 계속한다 해도 흑자를 거두지 못할 거라고 생각합니다. 지금까지의 자산과 회사의 강한 의지, 그리고 영업의 '하고 싶다'는 생각. 그것이 중요하다고 생각합니다.

이와노부 그런 마음으로 사업을 운영해 나가면 시스템을 만드는 쪽도 '이런 일을 하려고 하는구나.'라고 흥미를 가지고 행동하게 됩니다.

우츠츠 분명히 그런 열의는 전달될 것으로 생각합니다. 그렇게 되면 개발 쪽에서도 힘들겠지만 해보자는 생각에 오히려 조언을 주게 됩니다. 이것은 매우 중요하다고 생각합니다. 사실 이 사업을 시작할 때 휴대전화 같은 사업으로 키워가자는 생각을 가지고 있었습니다. 과거에는 전화란 집에 있는 것이어서 '가지고 다닐 수 있으면 편리할 텐데.'라고 생각하게 되는 존재였습니다. 그러던 것이 지금은 누구나 휴대전화를 가지고 다니고 있습니다.

그와 마찬가지로 자동차도 가지고 다닐 수 있으면 편리할 것입니다. 지금의 형태 그대로라면 너무 커서 힘들겠지만 만약 전 세계의 자동차를 이용할 수 있는 열쇠가 있다면 그 열쇠가 '지니고 다닐 수 있는 자동차'와 같은 존재가 될 것입니다. 그런 세계관을 가지고 이 서비스 개발을 시작했습니다. 앞으로 '자동차를 가지고 다닌다'는 개념이 정착된다면 기쁘겠지요.

(2015년 10월 8일 취재, 존칭 생략)

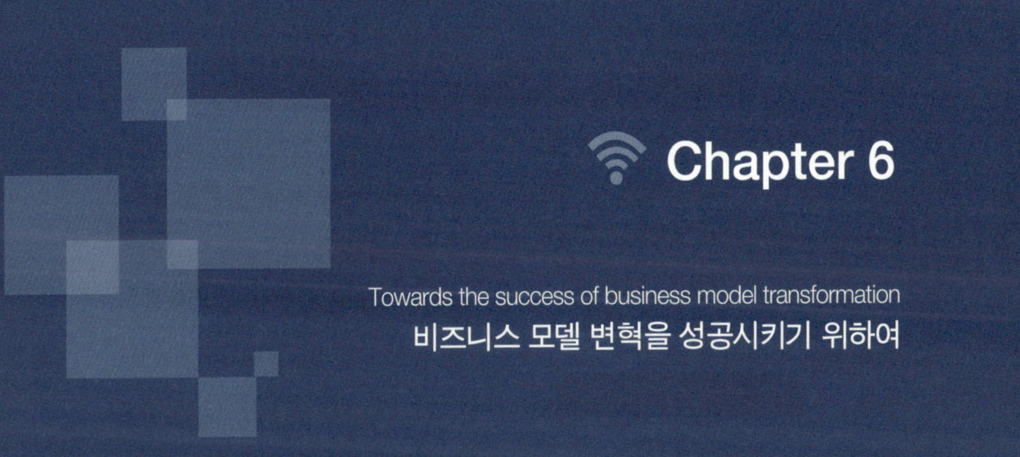

Chapter 6

Towards the success of business model transformation

비즈니스 모델 변혁을 성공시키기 위하여

너무나 당연하다고 할 수 있겠지만 '전략(strategy)'이라는 말은 군사용어에서 유래되었다고 한다. 전략의 전은 '싸움 전(戰)'이라는 한자를 사용하고 있는 만큼 이 말은 전쟁이나 싸움을 연상시킨다. 적의 동태를 살펴서 그 허를 찌르고 때로는 속이는 등의 책략을 구사한다. 말 그대로 싸움의 이미지이다.

그런 세계에서 전략은 절대로 비밀로 해야 하는 법이다. 적에게 알려지게 되면 먼저 공격을 당할 수도 있고 좋은 전략이라면 오히려 적이 따라 할 수도 있다. 그렇기 때문에 스파이나 정보원 같은 사람들이 비밀리에 움직여 상대편으로부터 전략을 캐내려고 하는 것이다.

비즈니스의 세계에서도 전략이라는 말을 흔히 사용하고 있으며, 이제 '전략'이라고 하면 군사 전략이 아니라 사업 전략의 의미로 사용되는 경우가 더 많을 것이다. 하지만 비즈니스의 '전략'은 군사 전략과는 조금 성격이 다르다. 전쟁에서는 동일한 환경 속에서 비슷한 조직 구조와 장비를 갖춘 군대가 서로 싸우게 된다. 한쪽 나라가 경제력이 없어서 최첨단 무기를 도입할 수 없는 경우도 가끔 있지만, 사용하는 도구가 사람이나 건물에 피해를 준다는 본질은 동일하다. 따라서 전략은 적이든 우리편이든 관계없이 공유할 수 있으며 그렇기 때문에 적에게 이용당하지 않도록 비밀로 할 필요가 있는 것이다.

하지만 비즈니스에서는 몇 개의 조직이 같은 조건 속에서 경쟁하고 있는 것처럼 보여도 실은 완전히 다른 경우가 있다. 가령 렌터카와 카 셰어링은 모두 '자동차로 이동'한다는 서비스를 가지고 서로 경쟁하는 것처럼 보이지만 그 이용하는 모습은 다르다. 제5장에서 설명한 바와 같이 렌터카는 관광 등 하루가 꼬박 소요되는 이동 등에 이용하는 경우가 많으며, 카 셰어링은 장보기 등 극히 짧은 시간 동안의 용건인 경우가 많다. 시설 또한 렌터카가 직원이 상주하는 큰 건물을 가지고 있는 것에 비해 카 셰어링은 무인 주차 공간이 도시 곳곳에 산재해 있다. 즉 그 목적도 구조도 큰 차이가 있기 때문에 한쪽이 다른 한쪽의 전략을 흉내 낸다고 해도 큰 의미가 없다.

완전히 동일한 제품과 서비스를 제공하는 경우에도 조직의 형태에 차이가 있을 수 있다. 컴퓨터 OS가 그 좋은 예이다. 마이크로소프트와 애플과 같이 하이어라키(hierarchy, 상하 관계가 확립된 조직)형 기업 조직을 갖추고 전매특허로 무장하여, 즉 자사의 독자 제품을 개발하는 곳이 있는가 하면 리눅스처럼 개인 개발자들이 모여 오픈 소스로 개발하는 제품도 있다. 이 경우에도 서로 상대의 전략을 따라 한다고 해도 제대로 잘 되지 않을 것이다. 마이크로소프트와 애플 간에도 각각의 유저층이 있으며 그 유저들이 제품에 기대하는 부분을 생각해 본다면 애플의 전략을 마이크로소프트가 따라 할 것이라고는 생각하기 어렵다.

따라서 비즈니스 전략에서 중요한 것은 전략을 비밀로 할 것인지, 어떻게 할 것인지보다 자사 조직과 비즈니스 환경에 적합한 전략을 세울 수 있는지 또 결정된 계획을 제대로 실행에 옮길 수 있는지에 있다. 그렇다면 오히려 사내나 협력사와 전략을 공유하여 그것을 잘 이해시키고 추진해 나가는 힘을 키우는 것이 바람직할 것이다.

그렇다면 IoT라는 새로운 기술을 활용하여 지금까지와는 다른 비즈니스 모델로의 성공적인 전환과 시간과 노력을 들여 힘들게 준비한 계획을 실현시키기 위하여 주의해야 할 점 다섯 가지를 소개하고자 한다.

    IoT 비즈니스 모델 혁명

2015년 6월, 대형 건설기계회사 코마츠에서 "'IoT로 생산 강화' 코마츠 방식의 '연결'을 통해 생산 개혁에 착수"라는 타이틀의 보도자료를 발표했다. 이것은 'ICT를 통해 생산부터 판매에 이르는 모든 공정을 실시간으로 연계·순환시킨다'는 대담한 선언이었는데, 구체적으로는 공장 내에 있는 로봇과 공작기계 등을 생산 정보 데이터 베이스와 연결하고 설비 정보를 가시화하며 이미 고객 대상 서비스로 추진하고 있던 기계 가동관리 시스템 '컴트랙스(KOMTRAX)'와 광산 기계관리 시스템 '컴트랙스 플러스(KOMTRAX Plus)'를 통해 시장 정보를 공장과 바로 연결하겠다는 구상이 그려져 있었다.

이미 코마츠는 IoT를 자사 제품에 도입하고 그것을 활용한 고객 지원 서비스 개발을 추진하고 있었다. 그 한 예가 앞에서 언급한 컴트랙스이다. 이것은 GPS와 각종 센서가 장착된 코마츠 건설기계와 거기서 데이터를 수집하여 가동 상황을 모니터링하는 시스템을 연결하여 정밀한 유지 보수 서비스를 제공하는 시스템이다. 데이터를 통해서는 건설기계의 현재 위치와 가동 시간, 엔진의 사용 상황, 연료의 잔량 등 다양한 정보를 얻을 수 있는데 이 정보를 코마츠와 기계 소유자가 실시간으로 확인하고 유지 보수 계획을 수립하는 등 여러 용도에 활용할 수 있다. 건설기계를 네트워크에 연결하여 가치를 창출한다는 마치 IoT의 교과서와도 같은 내용으로서 IoT 서비스의 사례로 소개되는 경우도 많다.

컴트랙스는 코마츠의 전 대표이사이며 현재는 고문을 맡고 있는 사카네 마사히로 씨의 아이디어에서 비롯되었다. 그는 1998년경 건설기계

도난 대책의 일환으로 GPS를 활용하는 방법을 생각해 내었다. 그리고 위치 정보 이외에 건설기계의 가동 상황 데이터까지 수집할 것을 검토한 끝에 컴트랙스라는 시스템으로 완성시킨 것이다.

사실 이런 방법은 코마츠 이외에도 이미 시행하고 있는 기업이 있었지만, 컴트랙스가 IoT 서비스의 대표 사례가 된 것에는 이유가 있다. 컴트랙스는 애초에 옵션 사항으로서 유상으로 제공되고 있었다. 이는 비슷한 서비스를 제공하고 있는 타사도 마찬가지였는데 추가 센서 등을 설치하는 비용과 통신비가 발생하기 때문에 희망자에게만 대가를 받고 제공하는 서비스였던 것이다. 그러나 2001년 대표이사로 취임한 사카네 씨는 컴트랙스의 무상화와 건설기계 표준 장비로의 도입을 결단한다. 당시 코마츠는 창업 이래 최대의 경영난에 허덕이고 있었음에도 불구하고 이익률을 낮춘다는 힘든 결정을 내린 것이다.

그 결과 컴트랙스를 탑재한 건설기계가 폭발적으로 증가하여 현재까지 약 38만 대가 출고되었다. 또한, 그 덕분에 코마츠는 가장 먼저 IoT 서비스 운영 경험을 체득하게 되어 '수많은 기계에서 전송되는 방대한 데이터를 어떻게 처리하고 거기에서 어떤 가치를 창출할 것인가'에 대한 노하우를 손에 넣을 수 있게 되었다.

이 책에서 계속 반복하여 다룬 것처럼 IoT의 가치를 창출하는 원천 중의 하나는 '수많은 기기로부터 막대한 데이터가 모여드는 것'이다. 하지만 그것을 위해서는 당연히 많은 고객이 IoT 제품을 보유하고 있어야만 한다. 여기까지는 누가 봐도 명확하기 때문에 '점유율을 최대한으로 확대한다' 정도는 비밀 전략이라고도 할 수 없을 것이다. 문제는 그것을 어떻게 실현시킬까 하는 것이다.

그때 중요한 요소 중의 하나가 경영진의 지지를 얻을 수 있을지의 여

 IoT 비즈니스 모델 혁명

부이다. 가장 먼저 IoT 제품을 시장에 보급하기 위해서는 그것을 대량으로 준비하여 최대한 저렴한 가격에(가능하다면 무료로) 제공해야 한다. 이를 위해서는 대규모의 초기 투자가 필요하며, 데이터가 축적되어 가치를 창출할 수 있을 때까지 참고 기다리지 않으면 안 된다. 많은 기업에 있어서 그것을 결단하는 것은 그만한 권한을 가지고 있는 경영진의 역할이다. 파크24 '타임즈 카 셰어'에서도 볼 수 있었던 것처럼 경영진의 지지를 이끌어 내는 것은 IoT 프로젝트에서 빼놓을 수 없는 요소가 될 것이다.

2014년 캐나다 최대 도시 토론토에 깜짝 놀랄 만한 공중 화장실이 도입되었다. '퀀티파이드 토일렛(quantified toilet, 정량화 화장실)'이라는 이름의 이 시설 내부에는 각종 센서가 장착된 변기가 설치되어 있다. 그리고 이용자의 배설물을 그 자리에서 확인하여 혈중 알코올 농도와 약물, 전염병, 임신 여부까지도 파악할 수 있다. '스마트 화장실'이라고 하기에 손색이 없는 곳이다.

그러나 놀라기에는 아직 이르다. 이 화장실은 토론토 시내 곳곳에 설치되어 실시간으로 데이터가 수집된다. 물론 데이터는 익명이지만 이렇게 수집한 '화장실 빅데이터'를 분석하여 토론토 시민의 건강 상태, 전염병 확산의 징조 혹은 위험한 범죄 발생의 가능성 등을 판단하고자 하는 것이다.

또 이용자가 급증한 화장실에는 정규 청소 시간이 되기 전에 청소부를 파견하는 대응도 검토되고 있다고 한다. 제2장에서 소개한 IoT 엘리베이터 사례와 같이 유지 보수의 최적화를 실현하고자 하는 것이다.

게다가 이 프로젝트는 토론토 시가 추진하고 있는 '헬시 빌딩 이니시어티브'에 참여하고 있다. 언젠가 행정기관이 이 '퀀티파이드 토일렛'을 운영하여 주민의 건강 유지와 거리의 미관 유지 등 행정상의 다양한 목적을 위해 활용하게 될지도 모른다.

사실 이 사례는 완전히 지어낸 이야기이다. 공식 홈페이지에서 소개되고 있으며 토론토에서 2014년에 개최된 '크리티컬 메이킹'이라는 해커튼(hackathon, 프로그래머들이 모여 제한 시간 안에 주어진 과제를 해결하는 프로그램 및 솔루션 개발 경진대회)에서 탄생한 사고 실험으로서 큰 반향을 불러일으켰다.

픽션이기는 하지만 퀀티파이드 토일렛은 결코 허무맹랑한 발상이 아니다. 예를 들어 타니타(체중계 등 계측기기를 생산하는 일본 기업)는 소변을 적시기만 하면 6초 만에 요당치를 측정할 수 있는 휴대용 센서를 개발했다. 또 군마대학과 NEC 소프트는 침이나 소변을 사용해서 몇 분 만에 피로도나 스트레스 등을 파악하는 센서의 개발에 착수했다. 소변은 아니지만 음주 측정이 가능한 스마트폰용 기기·애플리케이션이 존재한다는 것을 알고 있는 독자들도 많을 것이다.

또 공항에 서모그래피(몸 표면의 온도를 측정하여 질병의 유무를 조사하는 기구)를 설치하여 체온이 높은(어떤 병에 걸려 있을 가능성이 높은) 입국자를 확인하는 것도 비슷한 발상이다. 그리고 CCTV에 찍힌 인물의 성별과 연령층을 정확하게 파악하는 화상 해석 기술도 있다. 이러한 기기와 기술을 네트워크로 연결하는 구조만 만들어 낸다면 현실의 퀀티파이드 토일렛이 완성된다.

하지만 기술적으로 가능한 것과 사회적으로 가능한 것은 다른 차원의 문제이다. 아무리 데이터를 익명화하고 혹은 의료비 절감이나 범죄 방지, 아름다운 공공장소 조성 등 사회적인 가치 실현에 공헌할 수 있다고 하더라도 시민이나 소비자는 막연하나마 불안을 느끼게 될 것이다. 그러한 막연한 불안 때문에 소비자가 IoT 제품의 구입을 단념하거나 혹은 기업에 반발한 나머지 발매 중지를 요구할 수도 있다. 정말로 퀀티파이드 토일렛을 시행하고자 한다면 데이터 수집에 대한 신뢰를 획득하지 않으면 안 된다.

흥미로운 조사 결과가 있다. 인텔이 조사기관을 통해 세계 8개국에서 실시한 설문조사에 의하면 '스마트 토일렛'에서 수집된 데이터를 공유해도 좋다고 대답한 응답자는 전체의 70%에 달한다. 또 같은 조사에서 혈압 등의 바이탈 사인을 공유해도 좋다고 답한 사람이 84%, 그리고 소위 '스마트 필(알약)'과 같이 체내를 모니터링하는 기기에서 획득한 데이터를 공유해도 좋다는 응답이 75%였다.

하지만 이 결과를 보고 '퀀티파이드 토일렛 형태의 시도가 받아들여질 수 있다.'라고 생각하는 것은 경솔하다. 자택의 화장실에서 데이터가 수집되는 것과 공공장소에서 데이터가 수집되는 것은 상황이 완전히 다르며 인텔의 조사에서 응답자들이 어떤 상황을 전제로 해서 대답했는지까지는 알 수 없다. 또한, 바이탈 사인이나 신체의 내장 관련 데이터 공유에 대한 허용도에 비해 '화장실' 관련 데이터의 허용도가 낮다는 점도 주목할 만하다. 합리적인 반응이 아니라고 하더라도 배설물을 검사한다는 점에 대한 심리적인 저항감이 크기 때문인지도 모른다. 그리고 데이터를 수집하는 곳이 의료기관인지 일반 기업인지 혹은 행정기관인지에 따라서도 그 반응은 크게 달라질 것으로 여겨진다.

하지만 배설물을 조사하는 것에 대한 저항감이 크다고 하더라도(퀀티파이드 토일렛의 아이디어를 생각해 낸 당사자들도 사생활과 감시의 참모습을 생각해 보자는 의미

 수집되는 데이터가 사생활과 관련이 덜하고 수집 목적이 납득할 만한 것이라면 허용도가 높아질 수도 있다. 가령 앞서 거론한 공항의 사례에서는 체온만이 측정되고 또 전염병의 유입을 막는다는 목적이 있다. 물론 개인차는 있겠지만 이와 같은 경우라면 데이터 수집에 거부감을 느끼는 사람은 별로 없을 것이다. 공공장소에서 불특정 다수의 데이터를 수집한다는 모습은 동일하다고 해도 주어나 목적어가 조금 바뀌면 사회적 허용도는 완전히 달라지게 되는 것이다.

문제를 더욱 어렵게 하는 것은 분석 기술의 발전에 의해 사소한 데이터에서 중요한 정보를 뽑아낼 수 있게 되었다는 점이다. 어느 여성이 슈퍼마켓에서 장을 보고 있었는데 그 이력 데이터를 통해 임신 여부를 판단하여 유아용품 쿠폰이 집으로 배송되고, 그 때문에 임신 사실이 가족들에게 발각된(게다가 그녀는 10대였다) 사건이 실제로 미국에서 발생한 바 있다. 자신들이 수집하고 있는 것이 어떤 데이터이고, 그것을 어떻게 가공하여 무엇을 파악하려 하는가? 그리고 그것을 활용하여 자신들이 무엇을 하려 하는가? 또 유저 자신에게는 어떤 이점이 있는가? 이런 내용들을 적극적으로 공개하는 것이 신뢰를 얻을 수 있는 첫걸음이 될 것이다.

또 '사생활을 보호하고 싶다'는 적극적인 반대 의식이 없다고 하더라도 '뭔가 꺼림칙하다'는 이유 때문에 협력하지 않는 경우도 있을 수 있다. 웨어러블 디바이스와 같이 유저가 매일 의식적으로 사용해야만 하는 IoT 기기도 있을 것이다. 그런 경우에는 손보재팬일본흥아의 '스마일링 로드'나 파크24의 '타임즈 카 플러스'와 같이 참가자를 즐겁게 하고 관심을 끌 수 있는 장치를 마련하는 것이 효과적이다. 데이터 수집의 신뢰성을 높임과 동시에 즐거운 것으로 만드는 아이디어가 필요한 것이다.

이미 IoT를 활용한 서비스를 시작하고 성과를 거두고 있는 기업에서는 고객을 향한 서비스 개발의 자세를 엿볼 수 있다. 이것은 어떤 사업에서도 성공을 위한 필수적인 요소이겠지만, IoT 기술을 성공적으로 활용하고 있는 기업은 특히 이 부분에 대한 의식이 강하다는 것이 필자가 느꼈던 부분이다.

그것은 IoT의 성질을 생각한다면 어떤 의미에서 당연한 것이다. 판매 중심의 비즈니스에서는 제품을 판매하고 나면 그것으로 소비자와 기업과의 관계는 끊어져 버린다. 하지만 IoT에서는 제품이 고객의 손에 전달된 후에도 그 제품으로부터 생성되는 데이터가 기업으로 계속 모이게 된다. 그것이 비록 '전원이 켜졌다', '꺼졌다'와 같이 가장 단순한 레벨의 데이터라 하더라도 고객이 실제로 어떻게 제품을 사용하고 있는지에 대하여 많은 것을 파악할 수 있다. 그리고 그것이 마치 거울과도 같이 고객의 행동을 비추어 내는 것이다(그렇기 때문에 사생활 문제가 따라오게 마련이다). 그런 상태에서는 고객을 향하지 않는 것이 오히려 어렵다.

제5장에서 과거 유럽에서 유행했었던 '책 대여점' 비즈니스를 소개한 바 있다. 그곳에서는 같은 책을 많은 사람이 돌려가며 읽기 때문에 인기 있는 책은 단번에 알아볼 수 있다. 물론 일반적인 서점과 같이 책을 '판매'하는 비즈니스라고 하더라도 어떤 책이 잘 팔리고 있는지는 장부를 보면 확인할 수 있을 것이다. 하지만 그 인기가 물리적인 변화로서 드러나게 된다면 싫어도 눈에 들어오게 된다. 마찬가지로 IoT를 활용하는 비즈니스에서도 데이터를 통해서 지금까지 이상으로 고객의 존재를 의

식하게 될 것이다.

다만, 고객을 의식했다고 해서 그것을 제품이나 서비스에 반영할 수 있을지의 여부는 기업의 노력에 달려 있다. 고객은 기업의 경영 상태 따위에는 관심이 없기 때문에 모든 고객의 의견이 기업에게 긍정적으로 작용한다고는 할 수 없다. 오히려 IoT로 인하여 수집되는 방대한 고객 데이터 속에서 경영상으로 우선시해야 할 의견을 선별하여 그것에 대응해 가기 위해서는 고객의 의견을 적절하게 취사선택할 수 있는 효과적인 프로세스를 설계할 필요가 있다.

저가의 안드로이드 기반 스마트폰을 선보이며 급성장하고 있는 샤오미(小米)라는 중국 기업이 있다. 2010년에 창업하여 2013년에는 2,000만 대의 단말기를 판매했고, 이미 연 매출 50억 달러를 돌파한 기업이다. 창업자인 레이쥔(雷軍)은 중국의 스티브 잡스로 불리며 그 자신도 스티브 잡스의 팬임을 자처하여 그를 본받으려 하는 등 통신기기 시장에 새로운 바람을 일으키려 하고 있다.

샤오미에서는 직원들이 자사 제품의 유저와 하루에 최소 30분 이상 소셜 네트워크 등을 통하여 교류할 것을 규칙으로 정하고 있다. 고객이야말로 신제품이나 새로운 서비스를 위한 최고의 정보원이라고 생각하기 때문이다. 샤오미가 운영하고 있는 커뮤니티는 1,000만 명 이상의 팬을 보유하고 있으며, 이들 팬을 대상으로 다양한 교류 이벤트도 개최하고 있다. 실제로 자사 제품을 사용할 의향이 있는 사람들의 생생한 목소리를 통해 정말로 매출에 공헌할 수 있는 기능과 개선점은 무엇인지를 찾아내려 하는 것이다.

샤오미에서는 이렇게 수집된 고객의 의견에 우선순위를 매기기 위하여 보다 많은 팬이 개선이나 추가를 원하고 있는 과제를 파악할 수 있는

　　　　　　　　　　　　　　　　IoT 비즈니스 모델 혁명

장치를 마련했다. 즉 커뮤니티 안에 게시판을 만들고 그곳에 팬들이 직접 의견을 올릴 수 있게 하거나 그런 의견에 의사 표시를 할 수 있도록 투표 버튼을 만들어 많은 공감을 얻은 의견이 상위에 표시되도록 했다. 또한, 앞으로의 업데이트 계획을 공개하여 팬들로부터 의견을 받고 있다. 다수의 요구라고 판단되는 의견을 최대한 빨리 반영하기 위해 개발에는 2~3명의 개발자로 구성된 팀에 의한 모듈 방식을 채택하여 각 팀에 개발의 결정권을 부여하고 있다.

또한, 1,000만 명의 팬들 중에서 제품 개발에 직접 참가시키는 경우도 있다. 가령 샤오미의 단말기는 25개의 언어를 지원하는데 그중 회사에서는 3개 언어만을 공식적으로 개발했을 뿐 나머지 언어에 대응하는 작업은 커뮤니티 참가자들에 의해 이루어졌다. 베타 버전 이전의 알파 버전(원칙적으로는 개발자만이 취급할 수 있는 버전) 테스트를 실시하거나 개발판을 사용해 보고 어떤 문제점이 있는지 확인하는 등의 작업에도 수천 명에서 수십만 명의 팬들을 참가시키고 있다.

이런 형태를 지속적으로 운영하는 것은 쉬운 일이 아니지만, 고객의 생생한 의견을 효율적으로 접할 수만 있다면 어디에 시장이 잠재되어 있는지 또 그 시장에 접근하기 위해서는 어떻게 하면 되는지를 훨씬 쉽게 발견할 수 있을 것이다.

때로는 고객을 알고자 하는 과정 속에서 제품을 개발하고 있는 기업조차도 발견하지 못했던 IoT 제품의 새로운 활용법이나 가치가 드러나는 경우도 있다.

가령 '열쇠 + IoT'라는 아이디어를 추구하는 포토신스는 자사 제품 '아케룬'을 판매하는 과정에서 이 제품이 눈이 불편한 사람들로부터 좋은 반응을 얻고 있다는 것을 알게 되었다. 가방 속에서 작은 열쇠를 꺼내고 열쇠 구멍을 찾아내어 밀어 넣지 않아도 문을 열 수 있기 때문이다. 또 NTT 커뮤니케이션즈는 실험을 통해 동일한 업무를 담당하는 근로자라 하더라도 그날그날에 따라서 작업 내용이 크게 달라진다는 것을 알 수 있었다. 이 정보를 활용하여 시스템의 세부적인 내용을 보완하게 된다면 '근로자의 건강 유지'라는 최종 목적에 보다 가까이 다가갈 수 있을 것이다.

이와 같은 발견이 전부 유용하다고 할 수는 없지만 중요한 것은 지금까지는 알아채지 못했던 고객에 대한 보다 깊은 발견들을 수집하고 검토하는 구조를 마련할 수 있는지의 여부이다. IoT 사업을 전개한다는 것은 이제 겨우 출발점에 서 있는 것과 같다. 그것은 지금까지는 없었던 사물이며 진가를 발휘할 수 있는 사용법은 이제부터 발견해 나가야 하기 때문이다.

장래의 기술 혁신을 전제로 한다

케빈 애쉬튼이 '사물 인터넷'이라는 말을 만들고 NTT 도코모가 i모드를 발표하기 1년 전인 1998년 '이리듐'이라는 이름의 서비스가 시작되었다. 이것은 인공위성을 통해 전 세계 어디서나 전화를 걸 수 있다는 위성전화 서비스로서 당시 글로벌 통신기기 제조사였던 모토롤라에서 분리된 이리듐 LLC가 운영하고 있었다. 처음에 77기의 인공위성을 통해 지상을 커버할 계획이었던 것에서 착안하여 원자번호 77인 이리듐의 이름을 딴 것이다. 당시 미국 부통령이었던 앨 고어와 전화기를 발명한 알렉산더 그레이엄 벨의 손자가 이리듐 최초의 통화를 하는 등 화려한 스타트를 끊었다.

IoT 비즈니스 모델 혁명

하지만 불과 1년 후인 1999년 이리듐 LLC는 미국에서 연방 파산법 제11장을 신청하고는 어이없이 파산해 버렸다. 누적금액 60억 달러에 달하는 투자액은 안개처럼 사라지고 말았다. 지금도 이 실패 사례는 신규 사업 개시의 어려움과 위험의 상징으로 인용되고 있다.

실패의 원인으로는 여러 가지 문제들이 지적되었다. 지상과 멀리 떨어진 상공에 떠 있는 인공위성과 전파를 주고받아야 하기 때문에 실외에서만 전화를 받을 수 있다는 것. 또 동일한 이유에서 단말기의 전력 소비량이 많아 대형 배터리를 탑재하고 있었기 때문에 단말기의 무게가 500그램에 달해 '휴대' 전화라고 부를 수 있는 수준이 아니었던 것. 그리고 77기(최종적으로는 66기로 축소)나 되는 대량의 인공위성을 궤도에 진입시키기 위하여 막대한 금액의 설비 투자가 필요했던 것 등이다. 지적된 모든 내용들이 사업에 부정적인 영향을 끼쳤지만 근본적인 실패 요인은 미국 싱귤래리티대학의 살림 이스마엘 등이 지적한 '기술이 진화·침투하는 속도를 잘못 계산한 것'이었다.

서비스를 개시한 것은 1990년대 말이었지만 사실 모토롤라가 위성전

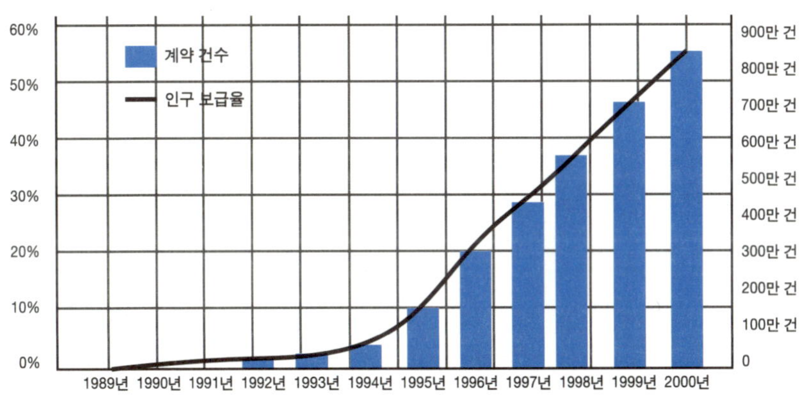

[그림 10] 일본의 휴대전화 보급 추이

화 서비스를 검토하기 시작한 것은 1980년대 말이었다. 그때는 휴대전화 서비스의 여명기로서 일본에서도 1989년 말 시점의 계약 건수가 약 3만 6,000건. 인구 보급률 면에서 보면 겨우 0.3%에 지나지 않았다.

그 당시 지상에 기지국을 설치하기 위해서는 막대한 비용이 소요되었으며, 또 설비의 크기도 지금보다 훨씬 컸다. 그리고 지상의 넓은 영역을 커버하기 위해서는 인공위성 77기와는 비교도 안 될 정도로 많은 기지국을 설치해야만 했다. 도심부와 같은 인구 밀집 지역이라면 하나의 기지국으로 많은 계약자를 커버할 수 있기 때문에 효율적이지만 지방의 광대한 영역까지 서비스를 제공하고자 한다면 어떻게 될 것인가. 그렇다면 아예 인공위성을 이용하는 것이 좋겠다고 판단한 것이다. 모토롤라는 그 이후에도 다양한 시장조사를 시행하여 이 위성 전화 서비스에 확실한 시장성이 있다고 확신하고는 서비스 개시를 결정했다.

그러나 문제는 서비스 개시까지 햇수로 10년 가까이 걸렸다는 점이었다. 그 10년 동안 지상의 기지국을 사용하는 휴대전화 사업에는 비약적인 기술 혁신이 있었다. 보다 낮은 비용으로 더 작은 크기의 기지국을 설치할 수 있게 되어 순식간에 서비스 이용 가능 지역이 확대되고 있었다.

일본에서도 과거 0.3%에 지나지 않았던 인구 보급률은 이리듐이 서비스를 개시한 1998년에는 38.6%까지 증가되었다. 그 이후로도 이용자는 급격하게 증가하여 20세기 최후의 해인 2000년에는 보급률 56%를 달성하게 된다. 계약 건수는 약 826만 건으로 1989년의 약 230배에 달한다.

여기에서 주의해야 하는 점은 휴대전화의 보급이 직선적으로 증가한 것이 아니라 제곱비례 곡선으로 급상승하는 커브를 그리고 있다는 것이다. 1990년대 전반까지의 추세와 같이 직선적으로 보급되었다고 한다

  IoT 비즈니스 모델 혁명

면 2000년에도 그 보급률은 10%에도 미치지 못했을 것이다. 그것이 바로 모토롤라의 경영진이 세웠던 예측치로서 그들은 위성 전화 서비스가 충분히 대항할 수 있으리라고 판단했던 것이다.

그러나 예상과는 달리 휴대전화 기술은 급격히 진보되어 누구나 간편하게 사용할 수 있게 되고, 이용 가능 지역도 넓은 지역까지 서비스가 가능해졌다. 그것이 1990년대 후반에 걸쳐 보급률의 급상승을 가져왔다. 그 결과 이리듐이 서비스를 개시한 시점에는 이미 지상의 기지국을 사용하는 편이 기술적으로나 경제적으로 훨씬 유리하게 되어 버린 것이다. 이와 같이 '기술이 진화·침투하는 속도를 잘못 계산하여 비즈니스에서 그릇된 판단을 하는 것'을 살림 이스마엘은 '이리듐 현상'이라고 이름 붙였다.

문제는 이 이리듐 현상이 휴대전화 이외의 여러 첨단 기술 분야에서도 발생하고 있다는 것이다. 예를 들어 이스마엘은 2007년에 10만 달러였던 드론과 동일한 성능의 드론을 2013년에는 700달러에 구입할 수 있게 되었는데, 단 6년 만에 142배의 성능 향상이 이루어진 것을 지적하고 있다. 그 덕분에 과거에는 장난감 정도로 치부되었던 드론이 낮은 비용으로 다양한 용도에 활용될 수 있는 '하늘을 나는 로봇'으로 그 활용도가 급속도로 증가하고 있다. 이러한 드론의 가격 대비 성능 향상은 9개월마다 두 배가 될 정도로 발전하고 있다고 한다.

2013년 12월 미국 아마존이 드론을 활용한 배송 서비스 '프라임 에어' 계획을 발표한 후 언론에서는 아마존의 결정을 비웃는 일이 많았다. 드론에게 배송을 맡길 수 있을 정도로 기술이 발전하기 위해서는 아직 많은 시간이 필요하며 아마존의 계획은 크게 실패하거나 혹은 애초에 그들도 신중하게 검토해 보지 않았을(주가 상승을 노리고 허풍을 떠는 것이다) 것이라는 내용이었다.

하지만 그 후 아마존은 연구를 거듭하여 세계 각지에서 실험을 진행하기에 이르렀다. 또 스위스의 스위스 포스트, 핀란드의 포스티, 싱가폴의 싱포스트, 오스트레일리아의 오스트레일리아 포스트 등 세계 각지의 우편 사업자들이 '드론 배송' 실험을 실시하고 있으며, 마침내 미국 최대 소매점인 월마트도 배송과 재고관리를 위해 드론을 활용할 계획이라고 발표했다. 이대로 간다면 아마존은 '이리듐 현상'을 피할 수 있을 것이다.

'들어가며'와 제1장에서도 언급한 바와 같이 IoT와 관련된 기술에서도 급속도의 기술 혁신과 보급이 진행되고 있다. 모토롤라의 경우처럼 서비스 계획에서 개시까지 10년을 허비하는 기업은 많지 않겠지만, 지금은 5년 사이에도 기술과 경영 환경이 급변해 버리는 시대이다. 1년 전에 장난감 수준의 제품을 출시했던 경쟁사가 기업 용도로도 충분히 활용 가능한 하이엔드 제품을 출시하거나 이쪽에서 1년 전에 구상했던 것과 동일한 성능의 제품을 훨씬 작고 저렴한 가격으로 시장에 선보이는 것을 보게 되는 경우도 있다. 자신도 모르는 사이에 '이리듐 현상'을 초래하는 생각 속에 빠져 있지는 않은지 항상 주의하지 않으면 안 될 것이다.

작게 시작해서 지속적으로 개선한다

이리듐 현상을 피하기 위한 또 한 가지 방법은 '작게 시작해서 지속적으로 개선하는' 사고방식이다.

최근 벤처기업 창업에 있어서 '린 스타트업'이라는 방법이 주목받고 있다. 이것은 간단하게 말하면 가설의 구축 →가설을 검증할 수 있는 필요 최소한의 기능을 갖춘 제품(MVP)의 개발 → 고객에게 MVP를 제공하여 가설 검증 →피드백되어 돌아온 내용을 바탕으로 궤도 수정이라는 과정을 몇 번이고 반복하여 조금씩 최적의 사업 형태에 접근해 가는 방법이다. 최초의 계획을 고집하지 않고 사업의 대담한 전환(피봇이라고 한다)도 용인된다. '거창한 계획을 세워 긴 시간과 비용을 들여 개발하고 크게 실패한다'는 과거의 방법에 비하면 유연하고 효율적이며 성공할 확률도 높아진다고 한다.

하지만 짧은 시간에 완성도가 낮은 계획을 세우거나 MVP라는 미완성의 제품을 고객에게 제공하거나 계획을 빈번하게 수정하거나 하는 자세는 바람직하다고 할 수 있을까?

전략이라는 말의 원점인 군사 분야에서는 어떻게 해석하고 있는지 살펴보도록 하자. 20세기 중반 이스라엘 국방군이 내건 슬로건 중에 이런 것이 있었다. '계획은 변화를 위한 플랫폼에 지나지 않는다. (Plans are merely a platform for change)' 즉 계획은 유지하기 위한 것이 아니라 본질적으로 변화해 가는 것이라는 의미이다. 플랫폼을 문자 그대로 무언가를 실현시키기 위한 '토대'라고 해석한다면 적극적으로 변화를 추구해야 한다는 의미로도 볼 수 있다.

상명하달 피라미드식의 경직된 조직 구조가 당연시되는 군대에서 이런 슬로건을 내건다는 것은 조금 의외라고 생각할 수도 있다. 하지만 계획은 변화하기 마련이라는 태도로 군대를 운영한 이스라엘 국방군은 20세기에 큰 힘을 발휘했다. 실제로 1956년에 일어난 제2차 중동전쟁 때 어떤 사령관이 전쟁을 회고하며 다음과 같은 말을 했다고 한다.

"사전에 세운 계획대로 작전을 수행한 지휘관은 사단 안에서 한 명도 찾아낼 수 없었다. 거의 모든 계획은 실전에서 실패로 끝났지만 모든 목표는 충분히 달성했다. 게다가 예상했던 것보다 빨리."

이러한 자세는 결코 이스라엘 군에서만 볼 수 있는 것은 아니다. 시대를 더 거슬러 올라가 보면 19세기 프로이센의 군인이며 군사학자이기도 했던 헬무트 폰 몰트케가 "전쟁에서는 모든 것이 불확실하다."라는 말을 남겼다. 또 그는 "전쟁의 역사에서 승리의 공식을 발견하는 것은 불가능하다."라고도 했다.

계획이 그 정도로 허무한 것이라면 우리들이 정말로 고집해야 할 것은 '무엇을 달성할 것인가'이지 '어떻게 달성할 것인가'가 아니다. 그리고 대부분의 경우 비즈니스 모델은 '어떻게 달성할 것인가'의 방법을 정리한 것이므로 무엇을 달성할 것인가라는 목표에 도움이 될 수 있다면 비즈니스 모델에 집착할 필요는 없다. 오히려 린 스타트업처럼 현실에서 피드백을 받아 필요한 수정을 해나가는 편이 바람직할 것이다.

무엇보다도 '일단 시험해 본다'는 방법이 좋은 이유는 자신들이 책상에서 생각하고 있는 것이 현실과 어느 정도 일치하는가를 구체적인 데이터나 반응을 가지고 검증할 수 있기 때문이다. 이리듐 현상이 보여주고 있는 것처럼 오늘날에는 기술·경영 환경이 우리가 미처 깨닫지 못하는 사이에 훨씬 앞서 나가 있는 경우가 있다. 그것을 확인하기 위해서는 일단 시장에 나가 보는 방법밖에 없다.

소프트웨어나 인터넷 서비스 업계에서는 이미 '영원한 베타'라는 개념이 자리 잡고 있다. 고객의 니즈를 충족시키는 최소한의 기능을 실현시킨 후에 그것을 완성품이 아닌 '베타 버전'으로 재빨리 출시하고 고객의 반응을 보면서 개선해 나간다. 이것을 어떤 특정 시점에서 중지하고 '완성판'으로 만드는 것이 아니라 계속 베타 버전의 위치에서 개량해 나간다는 의미이다. 이것은 앞에서 말한 '고객의 니즈와 마주한다'는 자세와도 깊은 관계가 있다고 할 수 있을 것이다.

　　　　　　　　　　　IoT 비즈니스 모델 혁명

IoT의 절반은 문자 그대로 '인터넷'이기 때문에 '영원한 베타 버전'이라는 접근 방법과의 친화성이 높다. 따라서 우선은 제품이나 서비스를 출시하고 지속적으로 이들을 개선해 나가는 구조를 사업 개시 후의 운영 과정에 어떻게 반영할 것인지에 대하여 확실하게 정리해 놓을 필요가 있다.

또 IoT 제품·서비스에서 '작게 시작해서 지속적으로 개선하는' 접근이 바람직한 이유가 한 가지 더 있다. 그것은 많은 분야에서 아직까지는 사물로부터 상시로·대량으로 데이터가 생성되는 상황을 경험할 수 없었기 때문이다.

가령 NTT 커뮤니케이션즈가 개발한 '히토에'는 작업 현장에 있는 근로자의 심전파형과 심박수를 지속적으로 수집할 수 있다. 하지만 그러한 데이터는 지금까지 수집한 적이 없었기 때문에 도대체 어떻게 활용하면 좋을지 그 누구도 정답을 가지고 있지 않다. 그런 상황에서는 거창한 전략을 세운다고 하더라도 크게 실패할 위험을 증가시킬 뿐이다. 작게 시작해서 조금씩 그 기반을 닦고 가능한 것·불가능한 것을 가려내는 것이 결국에는 가장 가까운 지름길이 된다.

제2장에서 설명한 바와 같이 기계가 주도하는 정보 공간이란 지금까지의 정보 공간과는 완전히 다른 세상이다. IoT로 사업을 시작한다는 것은 그런 세상에 발을 들여 놓는다는 의미임을 명심해야 할 것이다.

비즈니스 모델을 그릴 때에는 그 본질상, 이상화된 상황 속에서 최선의 모습을 생각하게 된다. 따라서 그것을 현실 세계에서 실현시키고자 할 때 주변 환경과 맞지 않는 부분이 발생하는 것은 당연한 결과이다. 그때 모델을 고집하여 현실을 바꿔 나갈지 모델을 수정할지 혹은 양쪽의 균형을 맞출지 등 목표한 성과를 달성하기까지는 몇 번이고 결단이 필요하다. '비즈니스 모델을 그리는' 작업 속에는 그런 수정과 설치 작업까지 포함되어 있기 때문에 종이 위에 예쁘게 그림을 그리는 것만으로 끝나지 않는다.

오히려 그림을 그린 이후의 순간부터 진정한 작업이 시작된다고 말할 수 있을 것이다.

1879년에 백열등을 발명한 발명가 토머스 에디슨, 그는 "실행이 없는 비전은 환상에 불과하다."라는 말을 했다. 진짜 에디슨이 남긴 말인지는 확실하지 않지만, 비즈니스 모델이라는 비전을 그리는 입장에 있는 사람들은 모두 명심해야 할 말임이 틀림없을 것이다.

Epilogue
마치며

■ 어느 세계적 이노베이터의 파산

15세기 중엽, 독일 서부 도시 마인츠. 금속 가공 기술자 요한이라는 남자가 세계사를 뒤바꿀 혁신을 일궈 내었다. 그의 본명은 요하네스 겐스플라이슈 추르 라덴 춤 구텐베르크. 그가 이뤄낸 혁신은 활판 인쇄술의 실용화이다.

활판 인쇄술은 활자와 프레스 기계, 유성 잉크 등 몇 가지의 기술을 조합한 것이어서 구텐베르크를 '활판 인쇄술의 발명자'라고 하는 데에 반론도 있다. 하지만 기존 기술을 조합했다고 하더라도, 그는 활판 인쇄를 완성시키고 그로부터 새로운 비즈니스를 시작할 수 있도록 한 최초의 인물이 되었다.

1455년 그는 이 기술로 세계 최초의 인쇄 성서를 완성시켜 현대로 이어지는 활자 시대의 막을 열었다. 이렇게 탄생한 《구텐베르크 성서》는 불완전한 것도 포함하여 오늘날에도 48권이 남아 있다.

하지만 구텐베르크의 출판 비즈니스는 그가 만들어 낸 인쇄물만큼 오래가지 못했다. 안타깝게도 그는 사업에는 소질이 없었던 모양으로 활판 인쇄술 작업에 착수하기 전에는 순례자들에게 기념 배지를 판매하는 사업을 하고 있었는데, 순례의 햇수를 1년 착각하여 대량의 재고를 떠안는 일도 있었다고 한다. 《구텐베르크 성서》 또한 기술적인 완성도에 있어서는 그 당시에도 높은 평가를 받고 있었지만, 이 신기술에 걸맞은 비즈니스 모델을 확립하지는 못했다. 인쇄 성서의 기획, 제조부터 판매, 자금 회수에 이르기까지 너무나도 긴 시간이 걸리고만 결과, 구텐베르크는 대출금을 예정대로 갚지 못하고 힘들여 시작한 인쇄 공장까지 처분해야 하는 상황에 처한 것이다. 결국, 이 인쇄 성서 사업은 실패로 끝나버리고 구텐베르크는 파산하여 역사의 뒤안길로 사라지게 된다.

그러나 그 이후 구텐베르크가 아닌 다른 사람들에 의하여 활판 인쇄술을 활용하는 비즈니스 모델이 급속도로 만들어지게 된다. 특히 활기를 띤 지역은 인쇄 기술의 고향 독일이 아니라 당시의 문화·상업의 중심지였던 이탈리아였다. 독일에서 이탈리아로 많은 인쇄공이 이주하고 순식간에 많은 인쇄소가 차려지게 되었다. 어느 연구에 따르면 1480년까지 유럽에서 세워진 110개의 인쇄소 중 그 절반이 이탈리아에 있었다고 한다.

그중에서도 출판 사업에서 성공을 거둔 곳은 당시 독립국이던 베네치아였다. 1469년부터 15세기 말에 걸쳐 베네치아의 인쇄소에서 모두 135만 권의 책이 인쇄되었다고 추정하고 있다. 이는 유럽 전체 발행 부수의 약 15%에 달하는 수치라고 한다.

베네치아의 상인들이 출판 사업에 성공할 수 있었던 이유는 과거에 얽매이지 않고 고객을 확실하게 파악했기 때문이었다.

사실 활판 인쇄술이 처음 등장했을 때 가장 주력했던 점은 과거 수작업에 의한 필사본과 동일한 것을 재현하는 일이었다. 《구텐베르크 성서》도 필사본처럼 보이게 하기 위하여 인쇄를 한 후에 여러 가지 장식을 손으로 그려 넣는 등 추가 가공을 실시했다. 또한, 성당 등에서 비치해 두고 사용할 것을 예상하고 있었기 때문에 크기가 커서 가지고 다니기에는 적합하지 않았고 그 내용도 성서 등 기독교에 관한 것이 많았다.

하지만 베네치아에서는 기존의 필사본에 집착하지 않는 '책'의 모습을 추구해 나갔다. 다수 독자들에게 읽힐 수 있도록 목차와 색인, 주석 등을 추가하는 작업이 진행되었던 것이다. 또 가지고 다니기 쉬운 크기로 제작하려는 시도도 이루어져 오늘날의 '책'에 가까운 형태가 완성되었다.

왜 베네치아였을까? 그 큰 원인은 책을 읽는 지식층, 즉 소비자의 존재에 있었다. 상업의 중심지였던 베네치아에는 많은 상인과 귀족들이 모여들었고 또 사상의 자유도 어느 정도 보장되었던 사회였다. 그들을 타깃으로 한 새로운 매체로서 책과 출판 비즈니스가 성장하게 되었던 것이다.

새로운 기술의 발명이 새로운 비즈니스를 만들어 내고 기존의 산업과 사회의 모습을 바꾼다. 우리들은 자칫 그런 생각을 하기 쉽지만, 역사를 되돌아보면 그것은 단편적인 생각에 지나지 않는다는 것을 알게 된다.

그 증거로서 정반대의 사례가 있다. 고객의 시점을 잘 살린다면 죽어버린 기술로도 성공하는 사업을 만들어 낼 수 있다.

1990년대 중반에 창간되어 순식간에 전 세계에 퍼진 〈메트로〉라는 무료 신문이 있다. 너무나 큰 성공을 거둔 탓에 각지에서 이 뒤를 이어 비슷한 신문이 발간되었을 정도였다. 그런 기업들은 '무료로 신문을 배포한다'는 점에 주목했지만, 사실 〈메트로〉는 무료라는 점 이외에도 주목할 만한 특징을 가지고 있었다.

가령 〈메트로〉는 역 구내의 유동인구가 많은 장소에 전용 거치대를 설치했다. 일부러 멀리 돌아가지 않아도 통근·통학 때나 귀갓길에 쉽게 집어갈 수 있게 하기 위해서이다. 또 소형이기 때문에 휴대하기 쉽고 밖에서 읽어도 옆 사람에게 방해가 되지 않는다. 게다가 단시간에 읽을 수 있도록 짧은 기사 위주로 구성되어 있어서 자투리 시간에 가볍게 읽을 수 있다. 무료라는 요소에서도 '공짜로 신문을 읽을 수 있다'는 점 이외에 '지갑을 꺼내지 않고 바로 집어들 수 있어서 통근·통학에 방해가 되지 않는다'는 장점이 있었다.

종이 신문은 쇠퇴하고 있다고 하지만 소비자가 '뉴스에 무관심'한 것이 아니라 오히려 활자(종이, 화면 관계없이)를 접하는 시간은 증가했다는 조사 결과도 여러 곳에서 나와 있다. 그래서 〈메트로〉는 '통근·통학 중인 소비자가 쉽게 읽을 수 있도록' 하는 가치에 주목하여 그것에 최적화된 매체를 만들었다. 고객이 추구하는 바와 그 행동 패턴을 연구하여 그에 맞는 콘텐츠, 매체, 기술, 비즈니스 모델을 선택한 것이다.

■ 기술에서 비즈니스를 생각하는 어려움

이처럼 새로운 기술이 새로운 비즈니스를 꼭 성공시킨다고 할 수 없을 뿐만 아니라 낡은 기술에서 새로운 비즈니스가 나올 수 없는 것도 아니다. 기술이 해줄 수 있는 역할과 이익을 내는 문제는 전혀 다른 차원의 이야기이기 때문이다. 하지만 우리는 아무래도 기술에 눈이 팔려 거기에만 집착하는 경향이 있는 듯하다.

이 책은 2015년 10월 21일 인터넷에서 약간의 화제가 된 일이 있었다. 1989년에 개봉한 할리우드 영화 〈백 투 더 퓨처2〉에서 주인공 마티 일행이 방문하는 '미래'의 시간이 2015년 10월 21일 오후 4시 29분이었던 것이다. 그것을 기념하여 영화 속에서 그려진 미래가 어디까지 실현되었는지를 알아보는 기사가 다수 게재되었다.

과연 이 영화 속에서는 어떤 미래의 기술이 묘사되었던 것일까. 스포일러가 되지 않는 범위에서 소개하자면 맨눈으로 3D 영상을 볼 수 있는 디지털 사이니지, 안경 형태의 스크린이 딸린 컴퓨터 그리고 공중 부양 스케이트보드 등이 있다. 너무 앞서 가는 바람에 아직 실현되지 못한 기술, 완전히 동일한 형태로 실현된 기술 등 그 결과는 다양했다.

하지만 영화 속의 기술 중 단 하나, 지금의 상황과 맞지 않는 기술이 있다. 바로 팩스이다. 등장인물이 있는 곳에 팩스를 통해 중요한 메시지가 도착하는 장면이 등장하는 것이다.

물론 지금도 팩스를 사용하고 있는 기업은 많다. 하지만 주요 커뮤니케이션 수단이라고는 할 수 없고 현재는 어디까지나 부차적인 존재이다. 영화가 제작되었을 당시 팩스가 아직 첨단 기술이었다고는 해도 미래 예측에 크게 실패한 사례로서 야유를 보내는 의견이 있었다. 토요타 자동차가 이 영화를 기념하여 제작하고 영화에서 주역을 맡았던 마이클 J 폭스와 크리스토퍼 로이드가 등장하는 광고에서도 팩스를 비꼬는 농담이 등장할 정도였다.

하지만 우리도 과거의 미래 예측자들을 비웃을 수 있는 입장은 아니다. 활판 인쇄술이라는 최신 기술을 사용하여 과거의 필사본을 재현한 구텐베르크처럼 우리의 의식은 과거에 얽매여 있다. 아닌 게 아니라 마셜 맥루한이 경고한 것처럼 '백미러를 보면서' 앞으로 전진하려 하는 것이다. 앞으로 수십 년 후 우리가 얼마나 어리석은 방법으로 IoT를 활용하려 했었는지를 비웃는 책이 출판될지도 모르는 일이다.

그런 상황을 피하기 위해서는 15세기의 베네치아 상인들처럼 혹은 1990년대의 〈메트로〉처럼 고객이 원하는 것을 놓치지 말아야 한다. 백미러를 들여다보는 행동을 피할 수 없다면 적어도 그곳에는 고객의 모습을 비추어 내야만 한다.

IoT는 '사람이 없어도 되는 세상'을 실현시키는 기술이지만, 고객의 모습을 보지 않아도 된다는 의미는 아니다. 비즈니스에서 성공을 거두기 위해서는 오히려 적극적으로 고객을 의식하면서 그들의 생활과 기계의 세계를 융합하려면 어떻게 해야 하는지에 대하여 항상 고민할 필요가 있다.

■ 수많은 지식을 이기는 것

이 책에서 IoT로 어떤 비즈니스를 창출해 낼 것인지에 대하여 다양한 분야에 걸쳐 알아보았지만, 마지막은 다음과 같은 말로 맺고자 한다. 2013년 2월, 미국 산타클라라에서 개최된 '스트라타'라는 IT 관련 컨퍼런스에서 미국 루미나리라보의 시니어 어드바이저, 젠 밴더미어가 남긴 말이다.

> **행동은 지식을 이긴다** (Action trumps wisdom)

단순하면서도 매우 강력한 표현이다. 우리가 아무리 많은 데이터를 손에 넣고 그로부터 뛰어난 지식을 얻을 수 있다고 해도 결국 행동으로 이어지지 않는다면 의미가 없다. 반대로 잘못된 발상에서 출발한 것이라 하더라도 일단 행동으로 옮긴 덕분에 위대한 지식이 발견되는 경우도 있다. 행동이야말로 성공으로 가는 첫걸음인 것이다.

이 책에서 다룬 내용이 맞는지 그렇지 않은지는 시간이 지나지 않으면 알 수 없다. 하지만 결과가 어떻든 간에 이 책이 여러분의 행동을 촉구하는 그 한 권이 될 수 있다면 기쁘겠다.

2015년 11월 고바야시 아키히토

IoT 비즈니스 모델 혁명

초판 1쇄 발행   2016년 4월   7일
초판 2쇄 발행   2016년 12월 5일

지은이 | 고바야시 아키히토
옮긴이 | 김응수 · 이두원
펴낸이 | 박정태
편집이사 | 이명수   감수교정 | 정하경
편집부 | 김동서, 위가연, 조유민
마케팅 | 조화묵, 박명준, 최지성   온라인마케팅 | 박용대, 김찬영
경영지원 | 최윤숙

펴낸곳   BOOK STAR
출판등록   2006. 9. 8. 제 313-2006-000198 호
주소   파주시 파주출판문화도시 광인사길 161 광문각 B/D 4F
전화   031)955-8787
팩스   031)955-3730
E-mail   kwangmk7@hanmail.net
홈페이지   www.kwangmoonkag.co.kr

ISBN   978-89-97383-81-8 13320
가격   16,000원